追系统的人

快递员的劳动过程与社会关系网络

庄家炽 著

中国人民大学出版社
·北京·

本书为中央财经大学2023年度学术专著出版资助项目成果；
为教育部人文社科基金项目（18YJC840059）成果。

序[*]

刘爱玉

家炽从 2013 年开始跟随我攻读劳动社会学方向的博士学位,他在中国人民大学攻读硕士学位时,导师是谢桂华教授,因此有很好的关于社会分层与流动的研究积累和较强的统计分析能力,也做过不少田野调查,但是对于劳动社会学相关的经典理论与经验研究接触较少。

家炽进入北京大学学习时,正好也是我对劳动过程理论与经验研究很着迷的时候,我自己的博士论文是关于国企改制与工人行动的研究,写作过程中做了不少针对企业管理人员与工人的访谈,也进行了问卷调查,遗憾的是没有从劳动过程视角去切入,所以一直想着要好好阅读劳动过程方面的理论与经验研究文献,再补补课。因此从 2013 年开始,我给博士生劳动社会学经典理论阅读所做的安排主要侧重了四大模块——劳动过程理论与经验研究、组织社会学理论与经验研究、经济社会学理论与经验研究、社会分层与流动经典研究,先后用了三年时间,之后进校的学生则循环再次阅读,并随时增加一些新书。

---

[*] 作者刘爱玉为北京大学社会学系教授、博士生导师。

追系统的人

我对劳动过程理论与经验研究的兴趣，要追溯到我硕士阶段的导师袁方先生对我的殷殷期待。大约是 1987 年 11 月的一个下午，我来到袁先生办公室，袁先生从书架上取了一本封面缺了一角、纸张略微泛黄的书给我，说道："这本《劳动与垄断资本》写得非常好，你要好好读，是一个美国人从马克思主义视角去研究资本主义国家工人阶级的变化。"然后袁先生让我在他专门的一个小笔记本上登记了信息，算是借给我看。想起来真是惭愧，当时读了一遍后没什么感受，袁先生让我继续读，读到有想法了再告诉他。大概是因为我的想法始终未能让先生满意，毕业留校后，袁先生说："书就放在你那里吧，我也不着急读了，你教劳动社会学，不好好读这本书不行的。"

《劳动与垄断资本》是一本在劳动过程研究领域具有里程碑意义的著作，作者为哈里·布雷弗曼（Harry Braveman）。从 1987 年 11 月袁先生借书给我，到 1990 年袁先生说把书留给我，再到 2013 年我带着我的研究生们阅读，以及我和卢晖临教授一起为硕士和博士研究生开设"劳工阅读"课程，这本书已经至少被我读了五遍。这本书的研究主题是资本主义社会劳动过程的转型以及 20 世纪美国劳工阶级结构的变化，重点关注资本如何成功地榨取工人的剩余价值。既然资本家购买的只是工人的劳动潜力，而非劳动本身，那么如何避免工人偷懒、如何保证剩余价值从布雷弗曼所谓的"不情愿的劳动人口"中生产出来呢？布雷弗曼以《资本论》第一卷的基本观点为依据重新诠释了马克思主义有关劳动过程的理论，

序

指出资本家通过概念与执行的分离，剥离了工人对生产规划的掌握，造成了工人的"去技术化"，从而使工人如同机器一样机械地运作。在垄断资本主义阶段，个别分工、泰勒的科学管理、机械化和自动化技术的采用，将会导致工作的碎片化和专业化，这破坏了工人的完整技艺，削弱了工人控制劳动过程的能力，迫使工人在劳动过程中听命于资本家及管理者的安排。也就是说，随着工人技艺的丧失，劳动过程的管理发生了从"技术工人控制"（craft control）向"管理者控制"（management control）的转变。美国社会学家薇琪·史密斯（Vicki Smith）总结了布雷弗曼劳动过程研究所激发的三个研究领域：（1）能动性和主观体验的理论——阶级斗争、同意和反抗；（2）性别视角——劳动过程变革的性别化结果和原因；（3）结构理论——技能水平和控制策略的变迁。

我和家炽一起读劳动过程理论与经验研究的时候，迈克尔·布若威（Michael Buraway）的经典研究《制造同意》（*Manufacturing Consent*）已经被翻译为中文，他的劳动过程研究三部曲的英文版也开始被不少从事中国劳工研究的学者阅读，特别是他的学生李静君的专著《性别与华南奇迹》（*Gender and The South China Miracle*），从劳动过程理论出发，纳入性别视角，考察了生产相同产品、地处香港地区与深圳市的两个制造业企业的不同劳动群体。其时清华大学沈原老师的研究团队也做了不少建筑业、服务业的劳动过程研究。因此，到了博士三年级的时候，家炽在经过两年多的劳动过程理论与经验研究阅读之后，面对当时新型的互联网技术的发展以及依托互联网平台的快递业的发展，想尝试从劳动过程视角对中国的快递员进行研究，形成他的博士论文。我们对此进行了长时间的讨论和评估，觉得这是一个非常值得研究同时非常具有挑战性的议题。

从 2016 年 7 月开始，家炽来到书中提到的中国民营快递公司排名前三的 A 公司的两个分公司（A1 与 A2）做快递员，进行了参与式调查。那段时间家炽非常辛苦，白天做快递员，晚上整理资料、撰写心得体会，每整理好一个完整的个案或者故事，就发邮件给我，还每周约定专门时间与我讨论。我查到与家炽 2016 年 10 月 3 日的微信聊天记录，当时我们觉得快递员是城市居民"熟悉的陌生人"，他们对这个城市非常熟悉，但实际上他们都是城市的过客，无论是在劳动过程之内，还是在劳动过程之外。2017 年 3 月 1 日家炽以"最熟悉的陌生人：快递工人劳动过程的社会嵌入性机制分析"为题完成了博士论文的初稿，并于 2017 年 6 月 9 日顺利通过博士论文答辩，不过论文题目在预答辩之后应答辩委员会的建议，改为了"被管理的关系：快递工人劳动过程的社会嵌入性分析"。这篇论文结合快递服务行业的发展状况与劳动情境，将之前被忽视的劳动者社会关系网络因素引入了"资本-劳动者-消费者"三元关系研究框架与劳动过程分析中，围绕"快递工人劳动过程的社会嵌入性"进行了积极的探索和讨论，得出了"快递工人的劳动过程密切嵌入在其自身的社会关系网络中"的主要结论，并进一步探讨了快递工人的社会关系网络如何在其劳动过程中发挥提升工人自主性

序

和隐蔽、深化资本对工人的管理控制的双重作用。论文认为在资本看似"天网恢恢、滴水不漏"的科学管理和控制体系下，无论是快递公司的组织管理方式、快递工人的雇佣关系，还是快递消费者的需求好恶，都为快递工人争取和提升劳动过程中的自主性留下了一定的弹性和空间，快递工人的社会关系网络分别被工人自身和资本用于两种完全相反的目的——自由与控制。

《追系统的人：快递员的劳动过程与社会关系网络》一书便是在家炽博士论文的基础上，经过更多的文献阅读和思考写成的，从2013年至今，快递员作为新型就业岗位的主要代表，取得了飞速的发展，也吸引了更多的学者进行研究，2024年党的二十届三中全会报告中，也提出要更多关注此类群体的就业保障等问题，意味着我们需要更多去关注和研究这些"熟悉的陌生人"：我们的福祉与他们的劳动状况休戚相关。

目 录

第一章 导 言 / 1

    一、快递在中国 / 5

    二、关于快递，学界在谈论什么 / 11

    三、关于"快递小哥"，我们知道些什么 / 14

    四、快递田野 / 20

第二章 中国快递行业发展的三个阶段 / 27

    一、中国快递行业快速发展的蜜月期、红海期和沉淀期 / 29

    二、快递行业发展的决定性因素 / 40

第三章 中国式快递：中国民营快递企业组织形式 / 53

    一、白手起家：中国民营快递企业的艰难起步 / 55

    二、从0到1：中国民营快递企业的"加盟"模式 / 62

第四章 无处不在的系统：资本控制的流程化与标准化 / 89

    一、以拓扑学原理为基础的物流网络与公司架构 / 91

    二、标准化的流程与操作 / 93

    三、标准化如何落地：培训与考核制度 / 101

四、如影随形的监控：信息监控系统 / 105

　　五、第三只眼：售后服务系统 / 114

第五章　追系统的人：系统与快递员 / 117

　　一、与系统博弈的快递员：追系统与超越系统 / 119

　　二、听谁的？系统嵌入快递员劳动过程的社会基础 / 127

第六章　追系统的人：快递员的劳动过程 / 155

　　一、收件人的"守门员"与门外的"江湖" / 158

　　二、市场之外的"私人关系" / 172

　　三、快递员社会关系网络的构建过程 / 177

　　四、借力打力 / 181

第七章　被"管理"的关系：快递员社会关系网络背后"看不见的手" / 187

　　一、头顶上的达摩克利斯之剑 / 189

　　二、分而化之 / 194

第八章　中国快递路在何方 / 197

附录：转运中心操作规范 / 204

图目录

图 2.1　2007—2022 年快递业务量占 GDP 比重 …………… 39
图 2.2　2007—2022 年中国年人均快递量 ………………… 40
图 2.3　2007—2023 年中国网络购物用户规模 …………… 48
图 2.4　2010—2023 年中国网络零售交易规模及其社会消费品
　　　　零售总额占比 …………………………………… 49
图 2.5　2012 年中国网购用户常购商品种类前十名 ………… 50
图 3.1　物流过程及责任分配主体 ………………………… 79
图 4.1　A 公司组织架构 …………………………………… 92
图 4.2　快递物流过程与基本操作 ………………………… 94
图 4.3　A 公司快递物流过程（一） ………………………… 94
图 4.4　A 公司快递物流过程（二） ………………………… 95
图 4.5　A 公司规定的快递员揽收快递流程 ………………… 95
图 4.6　中通速递的快递面单 ……………………………… 97
图 4.7　圆通速递面单书写示例 …………………………… 98
图 4.8　A 公司北京地区分公司的建包关系表（一） ………… 99
图 4.9　A 公司北京地区分公司的建包关系表（二） ………… 99
图 4.10　消费者客户端查询到的快递走件流程示例 ………… 109

图 4.11 快递公司内网查询到的快递走件流程示例 ………… 109

图 4.12 A 公司售后反馈系统 ………………………………… 115

图 5.1 社会关系网络类型及功能 …………………………… 131

图 7.1 2012—2016 年 A 公司北京地区分公司数量 ………… 195

表目录

表 1.1 四大国际快递企业进入中国市场的历程 …………… 9
表 1.2 个案信息——快递员 …………………………………… 24
表 1.3 个案信息——A 公司管理人员 ……………………… 26
表 1.4 个案信息——分公司承包商 ………………………… 26
表 2.1 中国邮政行业发展情况（2007—2023） …………… 32
表 2.2 2016 年全国邮政行业发展情况表 …………………… 35
表 2.3 全国快递服务企业业务量类型及完成量 …………… 35
表 2.4 截至 2021 年主要快递企业基本情况汇总表 ……… 36
表 2.5 中国快递行业政策一览 ……………………………… 41
表 2.6 2015 年与 2022 年中国东部、中部和西部地区快递业务量与收入情况对比 ………………………………… 46
表 2.7 2021 年美国快递员规模及平均收入 ………………… 51
表 2.8 2021 年美国快递员收入分布 ………………………… 52
表 3.1 FedEx 成立初期经营状况分析 ……………………… 57
表 3.2 UPS 重要并购事件 …………………………………… 59
表 3.3 顺丰、圆通、EMS 对比 ……………………………… 66
表 3.4 加盟公司恶意填写理赔金额处罚明细表（第四期）… 74

表 3.5　分公司中承包商与分公司老板之间的社会关系 ………… 82

表 3.6　2016 年 9—10 月 A2 分公司处罚情况 ………………… 85

表 3.7　浮动派费 …………………………………………………… 87

表 4.1　A 公司华北地区几个转运中心的时效要求 …………… 100

表 4.2　2016 年 6 月评估考核末位加盟公司参培名单 ………… 103

表 5.1　2016 年 7 月 30 日淘宝平台投诉虚假完结处罚汇总
　　　　（部分） ……………………………………………… 123

表 5.2　A2 分公司承包商雇员情况 ……………………………… 136

表 7.1　2016 年 7 月 30 日淘宝平台投诉虚假完结责任明细
　　　　（部分） ……………………………………………… 192

第一章

导 言

第一章 导　言

2016年春天，我来到美国约翰斯·霍普金斯大学访学，为期三个月。坐落于美国老工业城市巴尔的摩的约翰斯·霍普金斯大学是美国的传统名校，医学、公共卫生、统计学是其优势学科。彼时的约翰斯·霍普金斯大学还不似今日那般声名大噪——新冠感染疫情全球肆虐的三年中，全球各地媒体大多引用的是约翰斯·霍普金斯大学公布的确诊病例数据。

作为老工业城市，巴尔的摩的衰弱是肉眼可见的。从巴尔的摩机场到约翰斯·霍普金斯大学，路上要经过巴尔的摩市区，如果那些高耸的建筑是它曾经辉煌的见证，那么破败的墙皮和满是涂鸦的街道则显示了它掩盖不了的没落。约翰斯·霍普金斯大学在市郊，相比市区，这里更像是一个静谧的小镇。学校周边只有一些新式公寓和连排小屋，商业也不发达。刚到的时候我不知道哪里可以买厨房用具和食材，只能连着吃了三天7-11便利店的三明治。许多生活用品只能通过网购的方式解决，部分亲友托我带的东西，我大多也是在亚马逊、梅西百货官网等网络购物平台购买。所以在短短几个月内，我前前后后收了四五十个快递。但是我从来没见过美国的快递员，不知道他们的肤色、着装。开什么车？有没有抽烟？这些一概不知。我只知道每天下午，我从学校回到家的时候，快递都会被安静地摆在门口。我还专门就这件事跟房东聊过，我问他："快递就这么放在门口，快递员也不跟我说一声，万一丢了，我上哪儿找他呢？"房东说："为什么要找快递员？如果快递丢了你就去找网站的客服，他们会给你重新发一件……"我心道这样也挺好，遂不再纠结快递员的事。

直到有一天,在网上买的一双运动鞋送到了之后,我打开鞋盒发现只有一只。我当时就傻眼了,心想:"完了,我该怎么用蹩脚的英语跟人家说只给我发了一只,而不是一双……"好在与客服沟通之后,他们让我把这只鞋寄回,然后重新给我发一双新鞋。但接下来的问题是,我应该去哪里寄?我既没有见过快递员,更不知道快递站在什么地方。最后,系里的丽萨老师让我把鞋给她,她帮我处理。至于她是怎么找到快递员,并把那一只鞋寄回去的,我就不得而知了。

2016年7月回国之后,我开始与导师刘爱玉教授商量博士毕业论文选题。看着北京街头巷尾的快递车辆,对研究问题一头雾水的我想到去快递公司做田野调查。当时我心里是非常没有底的,脑中一直有个声音:"研究问题都不清楚,怎么做田野呢?"好在导师十分尊重我的想法,让我先去快递公司看看,并发给了我许多重要的相关文献,帮助我在田野调查的过程中逐渐明确了研究的方向和问题,并最终顺利毕业。

毕业之后,一方面要适应工作环境和照顾家庭,另一方面我觉得还没有想清楚论文中的一些问题,出于这些原因我并没有着急将博士论文出版,想着先沉淀几年。一晃九年时间过去了,随着对劳动过程理论理解的加深以及对平台劳动相关文献更多的阅读和学习,我逐渐找到了这项研究的切入点:科学管理系统嵌入工人劳动过程的社会基础,以及快递工人适应科学管理系统的社会过程。

付梓之际,我又想起了第一天跟着快递员小张去送快递的场景。为了避免绕道，小张直接将电瓶三轮车逆行开上了来广营桥，面对着一辆辆呼啸而过的汽车，找不到可以搭手的地方的我只能下意识地抓紧座椅，心想："你怎么逆行呢？！要是发生事故，咱俩就都完蛋了。如果被撞，一定不能说我是北大的，不然新闻标题会是'北大博士高架逆行被撞飞！'"但后来的田野经历让我深深体会到，换作是我，我也会毫不犹豫地把车开上高架桥，而不是绕一条远远的路。系统代表了一种上帝思维、一种整体规划思维，但是现实是丰富的、动态的，总有系统始料未及的突发情况出现。不仅是快递员，现在各行各业的劳动者也面临着各种各样的系统，这些系统或简单、或复杂，或提升了工作效率，或增加了工作负担，每个人都是"追系统的人"。无论如何，作为个体，我们很难回头指责系统，因为生活还要向前。但是我们又不会是那个呆呆地被困在系统里的人，我们总要找到与系统共生、共存的办法，这才是真实的劳动者，这才是真实的生活世界。

一、快递在中国

1907年，克劳德·赖安（Claude Ryan）和吉姆·凯西（Jim Casey）在美国西雅图市成立了美国信使公司（American Messenger Company），公司的主要业务是递送包裹、便条、行李以及餐馆的食物。1919年，两人将公司的业务范围首次扩展到西雅图市以外，到达加利福尼亚州奥克兰市，公司也改名为联合包裹速递服务公司（United Parcel Service Inc.，UPS），这就是目前世界上规模最大的快递公司之一的UPS的起源。某种程度上，正是UPS、FedEx（联邦快递）等公司奠定了现代快递行业的发展基础。20世纪50年代，UPS获得了"公共运输承运人"的资格，自此，UPS可以将包裹递送业务的服务对象从零售店拓展到普通居民。20世纪60年代末，UPS取得了航空货运权。[①]

FedEx由弗雷德·史密斯（Fred Smith）于1971年创立。在此之前，由于没有专业运送快递的航线，快递虽然可以通过飞机来运送，但是不能直接运送到目的地，必须经由多家航空公司转运。弗雷德·史密斯在拓扑学的基础上，开创了以航空中心为基础的空运配送模式，隔夜传递服务成为快递行业的一种新型服务类型。一直到现在，快递行业的配送方式一直沿用拓扑学模型，即通过几个大型的转运中心来实现全国甚至全球范围内的快递服务。

现代意义上的快递行业虽然源于西方，但中国却是世界上最早建立系统的邮驿制度的国家之一，《周礼·遗人》中就有记载："凡国野之道，十里有庐，庐有饮食；三十里有宿，宿有路室，路室有委；五十里有市，市有候馆，候馆有积。凡委积之事，巡而比之，

[①] 刘玉洁. 我国快递行业法律规制研究. 烟台：烟台大学，2014.

第一章　导　言

以时颁之。"庐、路室、候馆均指接待宾客、旅人的馆舍，亦有邮驿的功能。但是这套邮驿制度主要服务于中央政府，方便中央对幅员辽阔的疆域进行治理，"系专供政府之用，传递军报公牍之类。民间私人书缄，一无投递之设备"[①]。

真正服务于民间通信的组织直到明清时期才出现，一般称为民信局。[②] 虽然民信局的产生年代还有待考据，但是有诸多的记载证明民信局在清代道光到光绪年间达到顶峰[③]，"就国内言，虽远至边陲如辽东、陕、甘、新疆各省，亦无不有民信局之设立"[④]。民信局的发展采用一种由点到面的模式，总号设在中心城市的民信局随着业务的发展不断到经济发达的中小城市设立分号。民信局设立分号的方式是先在附近的城市设立，随着业务的发展向外延伸，在本省内的重要城市设立，最后才向省外扩展，呈现出由内而外的特点。

不同的民信局之间也存在广泛的合作，称为联号。互为联号的民信局在组织和经营上是独立的，并不存在隶属关系，只存在互相寄递信件的业务联系，"各处民信局，或互为联号，或另立分号，对于收寄递送事务互相协助"[⑤]。

---

① 张樑任. 中国邮政. 北京：商务印书馆，1935.
② 除了从事国内各地之间通信业务的民信局外，还有另外一种从事海外华侨和国内亲属之间汇款和书信传递业务的组织——侨批局，主要存在于拥有众多华侨亲属的闽、粤地区。
③ 徐建国. 近代民信局的空间网络分析. 中国经济史研究，2008（3）：153-160.
④ 王桎. 邮政. 北京：商务印书馆，1931.
⑤ 实业部中国经济年鉴编纂委员会. 中国经济年鉴. 北京：商务印书馆，1934.

> 追系统的人

1949年11月1日，中央人民政府邮电部成立。1949年12月10日—28日，邮电部第一届全国邮政会议在北京召开。会议确定了"中国人民邮政"的名称，并确定了中华人民共和国的邮政属于国营经济组织，应配合新民主主义的政治、经济、文化建设办理邮政业务，调整网络和组织局、所建设，以服务人民为总的方向和最高原则。1954年，中华人民共和国国务院成立，国务院设置中华人民共和国邮电部，主管邮电工作。传统邮政业务包含函件寄递、包裹寄递、汇兑、书报发行等。

但是一直到改革开放，现代意义上的快递服务才进入中国。在改革开放的大背景之下，1979年，中国对外贸易部（现为对外贸易经济合作部）和海关总署批准中国对外贸易运输总公司（简称中外运）与日本海外新闻普及株式会社（OCS）签订了我国第一份快件代理协议，由中外运公司代理OCS公司开展将日本报刊及商业函件递送给日本驻华机构和企业的业务。中外运成为中国第一家经营快递的企业。

随后，其他国际快递巨头，如FedEx、UPS、DHL（敦豪）、TNT等，相继与中外运达成快件代理协议。受当时的体制、政策以及人文环境等方面因素的影响，与中外运达成代理协议几乎是所有国际快递企业进入中国的唯一通道。① 四大国际快递企业进入中

---

① 徐希燕. 中国快递产业发展研究报告. 北京：中国社会科学出版社，2009.

第一章 导　言

国市场的历程如表 1.1 所示。

表 1.1　四大国际快递企业进入中国市场的历程

四大国际快递企业	进入时间	转运中心	中国国际快递市场份额	与中外运的合作
FedEx	1984 年	杭州	22%	FedEx 是 1984 年进入中国市场的航空快递公司，在 1996 年率先运用自设机队开展服务，1997 年选择大通国际作为新合作伙伴。
UPS	1988 年	上海	18%	UPS 公司在中国市场的业务始于 1988 年。同年，UPS 公司与拥有 40 多年运输经验的中外运签订了快件代理协议，正式进入中国市场。到 1996 年 5 月，UPS 与中外运在北京成立了 UPS 在中国的第一家合资企业：中外运北空-UPS 国际快递有限公司。
DHL	1986 年	—	40%	中外运—敦豪国际航空快件有限公司于 1986 年 12 月 1 日在北京正式成立。合资双方为中外运和 DHL，双方各占一半股权。
TNT	1988 年	—	10%	1998 年，TNT 与中外运成立国际快递合资公司。2003 年，TNT 与中外运的合约结束，转而与超马赫国际运输代理有限公司合作。

追系统的人

中国民营快递企业主要诞生于1990年以后。1993年3月，王卫在广东顺德注册成立"顺丰速运"；1996年，陈平与陈东升合资在北京注册成立"北京双臣快运"，2003年更名为"宅急送"。来自浙江桐庐的聂腾飞、陈小英和詹际盛于1993年在杭州成立了"盛彤公司"，后改名为"申通快递"。随后民营快递公司如雨后春笋般涌现，"韵达""中通""圆通""百世"等纷纷成立并迅速发展壮大。这时候的快递企业主要服务于各种商业贸易活动，寄递的主要物品为商业价值较高的各种商业文书或者政府批文。比如顺丰速运，公司成立之初的主要业务是将广东顺德布厂的各种布料样品送到香港地区；申通快递成立之初专营上海和杭州之间的报关急件直送业务。[1]

随着互联网时代电子商贸的发展，中国的快递行业在2006年以后又迎来了一个新的发展高峰。根据中华人民共和国国家邮政局的数据，2023年全国快递业务完成量累计1 320.7亿件，比上年增长19.4%，日均处理快件超3.6亿件；快递业务收入累计完成12 074.0亿元，比上年增长14.3%。[2]

相应地，快递员队伍也迅速扩大，成为一种新型职业。2015年

---

[1] 李芷巍. 快递来了：顺丰速运与中国快递行业30年. 北京：中国铁道出版社，2013.

[2] 中华人民共和国国家邮政局. 2023年度快递市场监管报告. (2024-05-31)[2024-06-28]. https://www.spb.gov.cn/gjyzj/c100009/c100010/202405/bed2265a19374512a6dd2b35747d27a8.shtml.

第一章　导　言

发布的《中华人民共和国职业分类大典（2015 年版）》中新增了快递员、快件处理员、快递工程技术人员三个快递领域职业。根据北京交通大学、菜鸟物流等公司联合发布的《全国社会化电商物流从业人员研究报告》估算，截至 2015 年底中国的快递行业从业人员有 203 万人，其中一线快递员约为 163 万人，这其中很大一部分人来自中国的农村地区。据统计，2022 年中国快递员的数量约为 450 万人。[①]

二、关于快递，学界在谈论什么

山东省邮电管理局王俊之发表的《发展速递业务必须建立适合商品化经营的管理体制》一文，是国内最早关于快递行业的学术论文。在文中，作者提出"与其他邮政业务相比，特快专递是一项资费高、效益好、有发展潜力的业务。继续办好特快业务，一定会给邮政事业带来更多的利益"[②]。此后随着快递行业在国内的逐步发展，相关学术研究也迅速增加。在中国知网上以"快递"为关键词进行搜索，可以发现在 2000 年以后，有关文献数量逐年增长，

[①] 中华人民共和国国家邮政局. 从快递小哥到全国人大代表，他呼吁设立"快递员节". https://www.spb.gov.cn/gjyzj/2022lhjytap/202303/cb4b4c9745254e4ba7f9607fb138f8c1.shtml.

[②] 王俊之. 发展速递业务必须建立适合商品化经营的管理体制. 现代邮政，1988 (2)：9-10.

2015年达到23 820篇，2023年达到42 901篇。快递成为物流学、经济学、管理学和社会学等学科高度关注的话题。

目前有关快递的研究主要分为以下两类。

第一，关于快递企业经营管理模式以及政府监管的研究。针对国内快递企业普遍采取的加盟模式，杨蕊蕊的研究认为特许加盟模式有利有弊：一方面在民营快递企业成立之初，其可以帮助企业迅速扩大营销网络，解决成立初期资金不足的问题；另一方面，这种特殊的经营方式，使得公司要承担更多的风险，只要有一个加盟商出现问题，公司的形象、声誉就有可能受到影响，这样一来会对民营快递企业的发展造成困扰。随着民营快递企业的进一步发展，经营方式会由特许加盟模式转变为直营模式，但是直营模式势必会使企业经受资金上的考验。①

面对FedEx、DHL等国际巨头的竞争，丁雅婷选取了顺丰速运和FedEx分别作为民营快递企业和国际快递企业的代表，通过对企业战略、组织结构、企业文化、经营模式的比较，提出民营快递企业应该以差异化竞争优势为核心，避免陷入恶性低价竞争。②

2006年，邮政经营管理体制逐步放开，杨爱鹏认为③，快递市场中政府监管存在的主要问题是：监管力量薄弱；对加盟制企业监管不到位；主管部门监管手段相对单一。导致政府监管出现问题的

---

① 杨蕊蕊. 民营快递企业发展问题及对策研究. 西安：长安大学，2010.
② 丁雅婷. 联邦快递和顺丰快递竞争优势比较分析. 大连：大连理工大学，2013.
③ 杨爱鹏. 我国快递行业政府监管研究：以S省D市为例. 武汉：华中师范大学，2015.

第一章 导 言

因素包括：职能部门协调配合不顺畅；快递市场准入及退出机制不完善；相关立法及行业标准滞后；政府行政问责机制不健全。此外，他还探讨了完善快递市场政府监管的措施。盛强通过对民营快递企业与国际快递企业的合作模式进行分析，提出应以建立虚拟企业为手段，加强邮政速递与民营快递企业的合作。[①] 苏伟的研究认为，与全球主要的快递企业相比，我国大多数快递企业规模较小，快递资源分散。面对激烈的市场竞争，我国快递企业只有合理整合企业资源，降低运作成本，扩大其服务范围，提高服务效率，才能快速响应消费者的需要，提高企业的竞争力。虽然整合的方式各异，但是快递行业资源整合的目标是：形成强大的客户资源、建设全面的能力资源和利用高效的信息资源。[②]

还有一部分研究关注快递的物流过程，研究了快递网点的布局选择[③]、多种运输方式的有效结合[④]，以提高快递的派送效率。

第二，讨论快递行业与经济发展的相关关系。《中国快递行业发展报告 2014》[⑤] 指出：地区人均收入水平与快递行业的发展密切

[①] 盛强. 我国"邮政速递"与民营快递企业合作模式研究. 成都：西南交通大学，2009.
[②] 苏伟. 中国快递行业资源整合问题研究. 北京：对外经济贸易大学，2007.
[③] 徐轲，李睿航. 快递行业违法犯罪及其对策研究. 法制与社会，2015（14）：264-265.
[④] 付力. 快递企业多种运输方式选择研究. 成都：西南交通大学，2008.
[⑤] 中国快递行业发展报告2014.（2014-05）[2023-04-26]. https://www2.deloitte.com/cn/zh/pages/public-sector/articles/china-express-sector-development-report2014.html.

相关。倪玲霖等人从对顺丰速运华中地区业务流量和流向的研究中发现，快递企业空间组织网络总体呈现出为社会经济和人口服务的特征趋势，并与区域地形地貌、当地的区位条件和产业特征相关，上海、北京、广州和深圳由于其突出的经济地位，在全国层面有较强的吸引力和绝对中心的地位。①

还有一部分研究关注快递行业相关的法律问题。比如刘玉洁运用比较法视野阐述了英国、美国、德国、日本的快递行业法律规制，及其对我国快递行业法律规制的启示。②

三、关于"快递小哥"，我们知道些什么

除了追求时效性外，快递服务与传统物流运输最大的区别是可以提供门到门、点对点的"最后1公里"配送服务，而最重要的"最后1公里"是由快递员来承担的。目前对快递员的研究主要集中于以下几个方面。

第一，快递员与快递公司之间法律关系的辨析。钱伟兰等人通过对实际判例的分析认为，除符合劳动法律规定的主体资格、劳动者提供的劳动是用人单位业务的组成部分之外，用人单位还须对劳

---

① 倪玲霖，王姣娥，胡浩. 中国快递企业的空间组织研究：以顺丰速运为例. 经济地理，2012, 32 (2)：82-88, 159.
② 刘玉洁. 我国快递行业法律规制研究. 烟台：烟台大学，2014.

第一章　导　言

动者具有用工管理权,双方形成人身及经济上的从属关系。基本上不接受用人单位管理、约束、支配,以自己的技能、设施、知识承担经营风险,与用人单位没有从属关系的,不是用人单位的劳动者。因此二级承包商(加盟商)与快递公司基于转承包而形成的是劳务关系,并未形成劳动关系。[1] 承包商雇佣的快递员虽然未与快递公司直接签订劳动合同,但是依然必须按照公司的要求在一定的时间、地点将快件收取或寄送至指定客户,不能随意收寄或丢失损坏快件,实质上也是在接受公司管理。快递员的报酬虽然是从承包商处直接领取的,但实际上仍然来源于公司,因此快递员与快递公司间存在劳动关系。[2]

第二,快递员的权益。王志灵等人从对广州地区快递员的调查中发现,由于加盟模式下加盟商各自为政,将公司的罚款直接分摊到快递员身上,使一部分快递员遇到"负工资"现象。[3] 王俊从对青岛地区快递员的调查中发现,快递员收入普遍偏低,85%左右的快递员每月收入在5 000元以下,且他们的工作压力偏大,往往需要通过延长工作时间来完成工作任务。[4] 黄晓云把快递员的工作总结为"四季无休、三餐不定、两腿不停",认为虽然随着电商一片

---

[1] 钱伟兰,马建红,孟高飞. 快递员身份之辨. 人民司法,2012 (8):14-17,1.
[2] 蔡昌. 快递员的劳动关系如何确认. 中国社会保障,2015 (6):53.
[3] 王志灵,陈静. 申通快递员负工资调查:加盟惹的祸?. (2012-04-26)[2023-09-26]. https://www.techweb.com.cn/ebusiness/2012-04-26/1184357.shtml.
[4] 王俊. 电子商务环境下"最后一公里"物流配送模式研究. 北京:北京交通大学,2017.

红火，国内快递行业高速增长，快递员的工作却呈现出条件恶劣、工作压力大、人员流失率居高不下等特点。① 单春雷认为，快递员基本工资太低，劳动强度和收入不对等；快递行业工作量大，企业普遍实行"计件制"薪酬模式，迫使一线快递员超时加班工作，休息权无法得到保障；快递企业为了节省成本，没有通过合法的程序雇佣劳动力，快递员的职业稳定权不受重视。②《2019年全国快递从业人员职业调查报告》显示，我国快递从业人员每天工作8~10小时的占46.85%，每天工作10~12小时的占33.69%，近两成从业人员工作12小时以上。末端揽投人员每天工作10小时以上的比例更高。75.07%的快递从业人员月收入在5 000元以下。一线快递从业人员月收入超1万元的占比为0.73%。目前，我国快递员的工资通常是计件工资，也就意味着工资与收派件量息息相关。

第三，从管理角度提出如何加强对一线员工的绩效管理，促进绩效改进，提高快递员的揽件、派件效率和服务质量。比如，曹坤综合考虑成本、企业规模、人才结构、企业效益和企业运行状况五个方面的因素后抽取出32个指标，建立物流企业评价指标体系，并利用主成分分析方法构造反映物流企业绩效的综合指数模型。③

---

① 黄晓云．"红与黑"：快递员生存手册．中国人力资源社会保障，2014（11）：23-25．
② 单春雷．快递员权益现状的分析及保护思路．成都师范学院学报，2014，30（8）：119-121．
③ 曹坤．物流企业的绩效评价体系和评价方法．上海海事大学学报，2006（S1）：106-111．

第一章 导 言

李小卉通过对 S 物流公司大学城网点的快递员进行访谈和问卷调查，总结了目前 S 物流公司对快递员的绩效考核中存在的问题：绩效考核指标体系不健全；没有有效的绩效反馈；绩效与奖惩关系不明显；绩效考核结果与个人发展脱离，违背了绩效考核的初衷。在此基础上，她提出把 KPI 和 360 度考核相结合，建立快递员岗位绩效考核指标体系。[①] 孟凡梅通过对深圳地区 5 家快递公司的 5 名部门主管和 120 名快递员的问卷调查，提出任务压力及顾客相关社会压力对快递员的工作绩效具有显著负向影响。她建议快递公司在关注为顾客提供满意服务的同时，也要注意到顾客给员工带来的影响，积极为快递员服务顾客提供培训等方面的支持。[②] 曹志从对江苏宿迁市 450 名快递员的问卷调查中发现，快递员的工作满意度分为管理风格、工作本身、发展空间、工作报酬、工作条件、人际关系六个维度，其中人际关系对快递员的工作满意度影响最大，工作报酬对其影响最小。[③]

第四，从社会治理的角度提出快递行业迅速发展可能带来的社会问题及应对手段。段鹏总结了快递员违法犯罪常见的三种类型：

[①] 李小卉.S 物流公司快递员绩效考核现状及改进建议：以广州大学城网点为例.人力资源管理，2015（12）：139-140.

[②] 孟凡梅.快递员工作压力对工作绩效影响的研究.哈尔滨：哈尔滨工业大学，2013.

[③] 曹志.快递员心理资本与工作满意度关系研究：以宿迁地区为例.扬州：扬州大学，2015.

财产类型犯罪，强奸、猥亵等暴力犯罪和侵害公民个人信息犯罪。[①]徐轲与李睿航总结了快递员犯罪的时间分布、空间分布及性别分布，每年"双11"前后是案件的高发期，经济较发达地区和较大城市是案件的频发地，而受害人以女性为主。[②] 熊纬辉与徐彬从监管主体、企业和快递员三个方面总结了快递员犯罪频发的原因，提出必须加强对物流寄递行业违法犯罪活动应对措施的研究，建立预警机制，健全法律法规，建立专业打击机制，完善行政监管，健全行业规范，有效防控打击物流寄递行业违法犯罪活动。[③]

通过梳理，我们发现现有文献在法律上试图辨明快递员、快递公司、加盟商之间的权利义务关系；在社会治理与公司治理上，对优化管理提出了诸多建议；在劳动条件上，发出了诸多呼吁，希望政府、资本能够加强对快递员的保障，更好地维护其权益。但是快递员具体的劳动过程是如何进行的？他们的劳动是如何被组织起来的？对此我们还鲜有认识。我们对快递员劳动过程的研究还处于起步阶段，除少部分的研究之外[④]，目前对快递员劳动过程的认知还比较感性，即只知道快递员劳动过程的艰辛与困苦，对快递员劳动

[①] 段鹏. 快递员违法犯罪及对策研究. 法制与社会，2015 (20)：64-65.
[②] 徐轲，李睿航. 快递行业违法犯罪及其对策研究. 法制与社会，2015 (14)：264-265.
[③] 熊纬辉，徐彬. "互联网＋"背景下物流寄递行业违法犯罪治理对策研究. 河北公安警察职业学院学报，2016，16 (1)：48-53.
[④] 帅满. 快递员的劳动过程：关系控制与劳动关系张力的化解. 社会发展研究，2021，8 (1)：31-51，241-242.

第一章 导 言

过程的基本形态及其影响因素我们还缺乏更为深入的分析。

劳动过程理论是研究工作组织和劳资关系最重要的理论视角之一。该理论视角直接从工人的劳动与生产过程出发，讨论劳动过程中的控制与支配关系，并逐步尝试将工厂之外的国家、市场等因素引入分析的框架中。这样一种联系宏观与微观的中层理论对于理解快递员的劳动过程具有重要的指导意义。

但是经典劳动过程理论的主要分析对象是制造业工人，随着生产力发展和产业的转型升级，服务业提供了越来越多的工作岗位。尤其是随着互联网的迅速发展，传统的工厂式的生产组织方式也发生了较大的改变。在许多国家或行业中，资本不再以大工厂加八小时工作制的方式来组织工人。尤其是随着平台经济的发展，工人已经不需要到车间、柜台就可以完成他们的工作。因此，用劳动过程理论分析服务业工人的劳动过程时需要对原有的分析框架做出调整。本项研究的学术意义在于：首先，将经典的劳动过程理论扩展至生产空间不局限于固定工作场所的快递员的劳动过程中，扩展了劳动过程理论的边界；其次，采用一种动态的视角来讨论快递员的社会关系网络如何影响他们的劳动过程，以求使得这一劳动过程更加立体。

中国快递行业的发展速度、服务水平在全世界范围内都处于领先地位，而这种领先地位很大程度上是建立在目前还较为廉价的劳动力基础之上的。因此了解快递员的劳动过程，能够在实践上给予快递公司的管理实践更多有意义的指导，进一步优化提升中国快递行业的管理水平。

追系统的人

四、快递田野

为了更进一步了解快递员的劳动如何组织和劳动过程如何展开，我在 2016 年 7 月和 10 月先后两次到快递公司 A 公司及其加盟分公司 A1 和 A2 进行了调查。A 公司在中国民营快递公司中排名前三，具有非常高的市场占有率和知名度。为了获取更有深度、更为系统的资料，更好地理解快递员的劳动过程，本文采用了参与式观察的方法，即与快递员一起分拣、派送快递，在工作的过程中完成对他们的访谈。由于调查时间有限，我一方面与 A 公司的管理高层联系，希望能以实习生的身份到公司进行调查；另一方面，在沟通期间到 A1 分公司应聘快递员，进行了为期一个月的实习。由于事先声明不需要任何报酬，只需要对方提供住宿及餐饮，目的只是了解快递公司的运营管理方式和快递员的工作状态，A1 分公司欣然接受了我，在此期间我与公司的快递员同吃、同住、同劳动。A1 分公司地处北京市奶西村，位于东北五环以外，但是快递员负责的区域在北四环东路和北五环东路之间，西起北京地铁 8 号线，东至来广营桥和望和桥之间的京承高速路段。

A1 分公司在奶西村租了一间仓库作为分拣快递的工作场所，另外又租了一栋二层居民楼，并将每个房间改造为有独立卫生间的员

第一章　导　言

工宿舍。每间房间里虽然有独立的卫生间，但是每天只有12：00—13：00和20：00—22：00有水。不到6平方米的房间在摆放了三张上下铺的架床（供6人居住）之后更显拥挤，因此每天晚上下班回到宿舍，大家都只能躺在自己的床上聊天。我所住的房间中还有其他四个人，分别是老尤、张一瑞、冀旭金和祖帅[①]。刚到公司的时候，我就告诉他们我是北京大学的研究生，来做暑期实习，想了解快递公司的运营管理方式和快递员的工作方式。他们对我也充满了好奇，第一天晚上就围着我问"你真的是北大的吗？""你高考考了多少分？""你怎么想的，要来送快递啊？""你们北大在什么位置？"等各种问题。通过这些日常的聊天互动，我渐渐与他们熟识，他们也慢慢熟悉、接纳了我，对我没有了一开始那般好奇。

由于宿舍是村民自行搭建的楼房，加上后期的私自改造，房间内通风效果极差。作为一个生长在北回归线附近的人，7月的北京对我来说根本算不上炎热，但是第一天上班，闷热的环境就让我难以入眠，我感觉自己身处一个大蒸笼，浑身都是汗水。在这样的环境里，其他人怎么能安之若素，倒头就睡？后来我才知道，一整天的辛苦奔波之后，能有一张小床靠着小憩一会都是一件再幸福不过的事情，哪里还管得着宿舍里有没有风扇，有没有空调。两三天后，我基本上跟其他的快递员一样，晚上下班回到

---

① 本书中所涉及人员均已做匿名化处理。

宿舍，洗漱完倒头就睡，因为第二天早上6：30就得起床迎接新一天的工作。

每天早上起床之后，我就跟着快递员们一起分拣快递、装车，然后坐着快递员的电瓶车"进城"。来自山东聊城的张一瑞今年才19岁，高二那年他就辍学来北京打工了。他跟我说，他最喜欢来广营桥："因为你一过了桥就感觉自己进了城市，小楼房都变成了高楼大厦，连马路都比五环外的干净！"

7月底，我成功地与A公司的管理层取得了联系，他们同意我以实习生的身份在A公司的北京总部实习。因此8月初到8月底，我一直待在A公司的总部。由于事先声明了调查的目的，公司管理层给予了充分的支持，允许我在公司副总韩经理的协调下对不同部门进行流动调查。我在A公司的网络管理部（主管运营，直接管理各个加盟分公司）、客服中心、人力资源管理部、转运中心问题部四个部门进行了访谈，以了解快递企业的组织管理方式。

9月我离开田野，回到学校与导师讨论调研进展、遇到的问题以及未来调研应该重点挖掘的方向。短暂的休整之后，我于10月2日又到A公司的另外一个加盟分公司A2分公司进行调查。由于有了A公司总部的支持，这次我是以公司网络管理部实习生的身份来到A2分公司的。这样的身份使得我在A2分公司不用承担具体的工作，更为自由地与公司的加盟商、管理人员和快递员进行

第一章 导 言

交流。在A2分公司期间，我也是每天跟着快递员一起去送快递，一方面在他们空闲的时间对他们进行访谈，另一方面也近距离观察他们具体的劳动过程，例如如何与客户沟通，可能遇到哪些突发情况以及如何处理。这样做有诸多好处：快递员在送快递的过程中会遇到一些我完全预料不到的情况，更谈不上事先设计访谈提纲对他们进行访谈，跟他们一起送快递的近距离观察给我提供了很多鲜活的案例，并且我可以在事发之后第一时间对快递员进行询问：为什么会出现这种情况？之前是否遇到过？为什么采用这种方式处理，而不是采用另外一种方式？

A2分公司承包的派送区域在北京西北四环以内，正好以四座高架桥为界，分别为万泉河桥、苏州桥、四通桥以及学院桥。A2分公司的地址也在四环以内，坐落于海淀区板井路附近，公司地址距派送区域在3公里以上。

本次调查中，我首先访谈了29名快递员，除他们的基本信息之外，着重访谈的是他们的工作经历、如何进入快递行业、在派送快递过程中都遇到过什么问题及如何处理与应对。其次，访谈了4名A公司管理人员，主要访谈内容是从公司的角度如何管理一线快递员，可能出现的问题及应对方案。最后，访谈了2名分公司承包商，主要的访谈内容是他们的经营管理成本、生产组织方式，以及如何从他们的角度理解快递员的行为，比如吃差价。

表1.2、表1.3和表1.4为本次调查中所有个案的基本信息（个案年龄基于本次调查开展的2016年计算）。

表1.2 个案信息——快递员

编号	姓名	性别	籍贯	出生年份	年龄（岁）	工作经历
N1	小二	男	河南信阳	1999	17	初中毕业后就业
N2	严小金	男	江西鹰潭	1998	18	初中毕业后就业
N3	张一瑞	男	山东聊城	1996	20	汽车修配—快递
N4	任小南	男	山西运城	1995	21	餐饮—快递
N5	小胖	男	山东菏泽	1995	21	客服—快递
N6	王永华	男	内蒙古赤峰	1995	21	运输—餐饮—快递
N7	方小杰	男	山西	1994	22	木匠—电工—厨师—塑雕厂—电机厂—快递
N8	葛志鹏	男	江西鹰潭	1995	21	汽车修配—保安—客服—快递
N9	金刚	男	四川	1994	22	餐饮—客服—快递
N10	张晓娜	女	河北邯郸	1994	22	销售—客服—快递
N11	纽帅	男	河北石家庄	1993	23	工地—餐饮—工厂—快递
N12	栗志鹏	男	山西平遥	1993	23	工厂—客服—保安—快递
N13	冀旭金	男	河北	1991	25	退伍—运输—快递
N14	王恒星	男	河北邢台	1990	26	餐饮—创业—送餐员—快递

续表

编号	姓名	性别	籍贯	出生年份	年龄（岁）	工作经历
N15	杨强	男	内蒙古通辽	1990	26	工地—餐饮—快递
N16	老温	男	河北邢台	1988	28	富士康—送啤酒—快递
N17	任大伟	男	河南	1988	28	工地—摆地摊—快递（顺丰、圆通）—快递
N18	张姐	女	山东菏泽	1988	28	销售—客服—快递
N19	小贾	男	河北唐山	1986	30	运输—餐饮—防水施工队—送餐员—快递
N20	张伟	男	北京	1986	30	钳工—快递
N21	赵登义	男	河南信阳	1986	30	工地—搬运—快递
N22	谢小磊	男	辽宁营口	1985	31	洗浴中心—工地—快递（宅急送）—鞋厂—快递
N23	杨哥	男	河北承德	1986	30	退伍—钢厂—创业—快递
N24	张东文	男	—	1985	31	工地—保安—快递
N25	谢小宝	男	辽宁营口	1983	33	保安—服装厂—爆破员—鞋厂—快递

续表

编号	姓名	性别	籍贯	出生年份	年龄（岁）	工作经历
N26	老孙	男	河北张家口	1970	46	保安—后勤—创业—快递
N27	杨叔三	男	河北承德	1964	52	退伍—工地—快递
N28	杨叔二	男	河北承德	1958	58	工地—创业—快递
N29	杨叔	男	河北承德	1958	58	创业—快递

表 1.3 个案信息——A 公司管理人员

编号	姓名	性别	籍贯	出生年份	年龄（岁）	所在部门
M1	王小光	男	山西运城	1991	25	网络管理部
M2	小敬	女	山东菏泽	1995	21	客服中心
M3	小朱	男	湖北黄石	1994	22	人力资源管理部
M4	张亮	男	内蒙古赤峰	1989	27	转运中心问题部

表 1.4 个案信息——分公司承包商

编号	姓名	性别	籍贯	出生年份	年龄（岁）	承包起始时间
T1	老严	男	江西鹰潭	1980	36	2015 年 7 月
T2	老杨	男	河北承德	1986	30	2016 年 3 月

第二章

中国快递行业发展的三个阶段

第二章　中国快递行业发展的三个阶段

一、中国快递行业快速发展的蜜月期、红海期和沉淀期

2007—2023年，是中国快递行业快速发展的时期，快递开始从商务领域慢慢进入中国居民的日常生活，"旧时王谢堂前燕"终于"飞入寻常百姓家"。中国邮政行业发展情况如表2.1所示。这个时期，又大致可以分为三个阶段。2007—2010年，快递市场需求逐渐放开，单价高、利润高、竞争有限，因此这个时期是快递行业发展的蜜月期。在2010年之前，快递行业主要还是服务于商务信件的派送。随着中国改革开放进程的加深，商贸活动越发活跃，商务信件派送的市场也不断扩大。2007—2010年，快递完成量每年以20%~25%左右的速度增长。这个时期快递的单件重量轻，但单票价格在24元以上，相应的利润水平也高。这个时期快递公司数量较少，市场竞争程度也有限。

　　王伟说："我们那时候在皂君庙，最开始都没有车，就是背着一个麻袋坐那个300路公交车，再后来，开一辆破面包车满城送，每个月都是两三万地赚，白天送快递，晚上就是KTV、夜总会。"

2011—2016年，电子商务需求放开，快递企业迅速成长，市

场竞争逐渐白热化，单价、利润逐步下降，快递行业发展进入红海期。随着电商业的爆炸式发展，快递才开始进入寻常百姓的日常生活，快递业务量以每年约50%以上的速度增长。2011年中国快递业务完成量为36.7亿件，短短5年以后，到2016年，中国快递业务完成量就达到了312.9亿件，增长至原来的8.5倍。尽管快递业务量出现了爆炸式的增长，但是2000年以后成立的那些快递企业在这个时期也初具规模，快递市场中的竞争呈现出白热化的趋势。加上快递行业规模效应明显，边际成本低，许多快递企业为了争夺市场不断降低价格，市场竞争加剧。所以，我们可以看到，2011年快递的单票均价还在20.7元，到了2016年已经降至12.7元，降幅为38.7%，接近腰斩。

老杨："我们现在流行一句话，谁不降价谁得死，谁先降价谁先死……"

2017年至今，电商业的发展速度放缓，红利开始收缩，快递业务量的增长速度放缓，市场竞争依然激烈，开始出现内部整合的趋势，进入发展的沉淀期，但是每年仍然以30%左右的速度在增长。2017年，天天快递被苏宁收购，2021年快捷速递被吊销营业执照，2022年国通快递进入破产清算程序。还有宅急送等之前大家耳熟能详的快递企业，虽然公司还在，但是已经大面积退出市场。与此同时，出现了极兔速递。极兔速递于2015年成立，2019年收购龙邦速递，2021年收购百世快递，市场占有率迅速提升，

第二章　中国快递行业发展的三个阶段

背后反映的是以拼多多为代表的新型电商平台的崛起。

如表 2.1 所示，2007 年中国的快递业务完成量达 12.3 亿件，到 2010 年全年的快递业务完成量达 23.4 亿件，在三年之内实现了翻倍。2011 年以后，快递业务完成量的增长速度加快，2011—2016 年，每年的业务完成增长率几乎都达到了 50% 以上，其中 2013 年全年的快递业务完成量同比增长达 61.6%。与此同时，快递业务的收入也水涨船高，2007—2010 年，快递业务收入以每年超过 17% 的速度增长；2011—2016 年，快递业务收入的同比增长速度加快了一倍，平均每年以 34% 左右的速度增长，快递业务收入几乎两年就要翻一番，这是一个惊人的增长速度。2017 年 1 月，国家邮政局数据显示，每天有超过 1 亿件快递；2020 年，平均每天有 2.28 亿件快递；到 2022 年，中国快递业务完成总量为 1 105.8 亿件，日均 3.02 亿件。日均快递量从 1 亿到 2 亿，花了三年时间，从 2 亿到 3 亿却只花了两年的时间。

快递行业的飞速发展使得其在全国邮政行业中的地位越来越突出，2001 年中国快递业务量占邮政行业业务总量不到 1%，但是到了 2007 年，快递业务收入占邮政行业业务收入的比重已经达到 28.2%，并且这个比重在持续增加。2012 年快递业务收入占邮政行业业务收入的比重超过 50%，达到 51.8%。到 2016 年，快递业务收入已经占到邮政行业业务收入的 53.7%。与此同时，快递行业也对中国邮政行业的发展起到了中流砥柱的作用，2012 年，快递业务增长量对邮政行业业务增长量的贡献比达到 69.3%，这也就意

表 2.1 中国邮政行业发展情况（2007—2023）

年份	邮政行业业务总量（亿元）	同比增长（%）	快递业务完成量（亿件）	同比增长（%）	快递业务收入（亿元）	同比增长（%）	快递业务收入占比（%）	快递业务增长贡献比（%）	快递单票均价（元）
2007	1 213.7	9.2	12.3	20.7	342.6	17.4	28.2	48.2	27.9
2008	1 401.8	15.5	15.1	25.9	408.4	19.2	29.1	35.0	27.0
2009	1 632.1	16.4	18.6	22.8	479.0	17.3	29.3	30.7	25.8
2010	1 985.3	21.6	23.4	25.9	574.6	20.0	28.9	27.1	24.6
2011	1 607.7	−19.1	36.7	57.0	758.0	31.9	47.1	—	20.7
2012	2 036.8	26.7	56.9	54.8	1 055.3	39.2	51.8	69.3	18.5
2013	2 725.1	33.8	91.9	61.6	1 441.7	36.6	52.9	56.1	15.7
2014	3 696.1	35.6	139.6	51.9	2 045.4	41.9	55.3	62.2	14.7
2015	5 078.7	37.4	206.7	48.0	2 769.6	35.4	54.5	52.4	13.4
2016	7 397.2	45.7	312.9	51.4	3 974.4	43.5	53.7	52.0	12.7
2017	9 763.7	32.0	400.6	28.0	4 957.1	24.7	50.8	41.5	12.4
2018	12 345.2	26.4	507.1	26.6	6 038.4	21.8	48.9	41.9	11.9

续表

年份	邮政行业业务总量（亿元）	同比增长（%）	快递业务完成量（亿件）	同比增长（%）	快递业务收入（亿元）	同比增长（%）	快递业务收入占比（%）	快递业务增长贡献比（%）	快递单票均价（元）
2019	16 229.6	31.5	635.2	25.3	7 497.8	24.2	46.2	37.6	11.8
2020	21 053.2	29.7	833.6	31.2	8 795.4	17.3	41.8	26.9	10.6
2021	13 698.3	25.1	1 083.0	29.9	10 332.3	17.5	75.4	—	9.5
2022	13 509.6	6.9	1 105.8	2.1	10 566.7	2.3	78.2	—	9.6
2023	15 293.0	13.2	1 320.7	19.4	12 074.0	14.3	79.0	84.5	9.6

注：(1) 快递业务增长贡献比＝快递业务收入同比增长量/邮政行业业务总量同比增长量。
(2) 相比 2020 年，2021 年全行业业务量数据较低，系某些品牌企业规范收入口径调整全年数据所致。
(3) 国家邮政局发布的《2021 年邮政行业发展统计公报》显示，2021 年全年邮政行业业务总量完成 13 698.3 亿元。《2022 年邮政行业发展统计公报》则显示 2022 年全年邮政行业业务总量（不包括邮政储蓄银行直接营业收入）完成 13 509.6 亿元，同比增长 6.9%。2022 年业务总量的数值相比 2021 年出现下降，但统计公报却表述为实现同比增长，应为统计口径问题（2021 年包括邮政储蓄银行直接营业收入）。因此，2022 年的快递业务增长贡献比无法计算。

资料来源：中华人民共和国国家邮政局。

味着2012年全年邮政行业实现的增长量中，有将近70%是由快递行业贡献的。

如表2.2所示，以2016年为例，邮政行业业务收入（不包括邮政储蓄银行直接营业收入）累计为5 379.2亿元，同比增长33.2%；业务总量累计为7 397.2亿元，同比增长45.7%。但从表中可以看出，邮政业中的其他行业不断势弱：邮政函件业务累计完成36.2亿件，同比下降21.0%；包裹业务累计完成2 793.6万件，同比下降34.2%；报纸业务累计完成179.9亿份，同比下降4.3%；杂志业务累计完成8.5亿份，同比下降15.0%；汇兑业务累计完成5 804.4万笔，同比下降29.8%。那么，邮政行业的业务收入和业务总量是如何实现高歌猛进的呢？

这是因为，只有快递行业的业务量在2016年保持了高速增长。如表2.3所示，2016年，全国快递服务企业业务量累计完成约312.8亿件，同比增长51.4%；业务收入累计完成3 974.4亿元，同比增长43.5%。其中，同城业务收入累计完成563.1亿元，同比增长40.5%；异地业务收入累计完成2 099.3亿元，同比增长38.8%；国际/港澳台地区业务收入累计完成429亿元，同比增长16.1%。[1] 快递行业对中国邮政行业发展的意义不言而喻。

---

[1] 国家邮政局公布2016年邮政行业运行情况．(2017-01-14)[2023-07-26]. http://www.cea.org.cn/content/details_11_13965.html.

第二章 中国快递行业发展的三个阶段

表 2.2　2016 年全国邮政行业发展情况表

指标名称	单位	累计完成	比去年同期增长（%）
邮政行业业务收入	亿元	5 379.2	33.2
邮政行业业务总量	亿元	7 397.2	45.7
函件	万件	361 887.3	−21.0
包裹	万件	2 793.6	−34.2
订销报纸累计数	万份	1 799 487.0	−4.3
订销杂志累计数	万份	85 106.8	−15.0
汇兑	万笔	5 804.4	−29.8

资料来源：中华人民共和国国家邮政局。

表 2.3　全国快递服务企业业务量类型及完成量

业务类型	累计完成	同比增长（%）
快递业务收入	3 974.4 亿元	43.5
快递量	3 128 315.1 万件	51.4
同城业务收入	563.1 亿元	40.5
异地业务收入	2 099.3 亿元	38.8
国际/港澳台业务收入	429.0 亿元	16.1

在快递企业层面，据统计，中国的快递企业数量一度达到约 18 万家，通过一系列的兼并与整合，截至 2024 年为约 4.6 万家。[①] 如表 2.4 所示，通过对主要快递企业基本情况的汇总，我们可以发现，民营快递企业有以下几个特点：（1）在 2000 年前后兴起了一

---

① 2024—2030 年中国快递行业市场全景监测及投资策略研究报告.（2024 - 09 - 27）[2024 - 10 - 02]. https://www.huaon.com/channel/jingpin/transport/933712.html.

大批民营快递企业。(2) 快递企业的总部主要位于北上广深等一线城市,其中以上海居多,与中国的地区经济发展水平有较高的相关性。(3) 绝大部分的内资快递企业均以特许加盟模式为主,仅有邮政速递、京东快递和顺丰速运采用了自营的经营模式。

表2.4 截至2021年主要快递企业基本情况汇总表

序号	快递企业	总部	成立时间	经营模式	备注
1	邮政速递	北京	1980年	自营+代理	—
2	顺丰速运	深圳	1993年	自营	—
3	申通快递	上海	1993年	以特许加盟模式为主	—
4	天天快递	南京	1994年	以特许加盟模式为主	2017年被苏宁并购,2024年股权被转让给浙江融悦速运有限公司
5	宅急送	北京	1994年	自营+加盟	仍存续,市场份额大幅度下降
6	快捷速递	上海	1997年	自营+加盟	2021年被吊销营业执照,2023年宣告破产
7	韵达速递	上海	1999年	以特许加盟模式为主	—
8	圆通速递	上海	2000年	以特许加盟模式为主	—

第二章　中国快递行业发展的三个阶段

续表

序号	快递企业	总部	成立时间	经营模式	备注
9	中通快递	上海	2002 年	以特许加盟模式为主	—
10	能达速递	上海	2002 年	以特许加盟模式为主	2021 年被吊销营业执照
11	龙邦速递	上海	2002 年	以特许加盟模式为主	经营异常
12	百世快递	杭州	2003 年	以特许加盟模式为主	2021 年被极兔速递收购，2023 年广州百世速递物流有限公司提出破产清算申请，百世物流科技（中国）有限公司仍存续
13	速尔快递	上海	2006 年	以特许加盟模式为主	2021 年进入破产清算程序
14	国通快递	上海	2003 年	以特许加盟模式为主	2022 年进入破产清算程序
15	优速快递	北京	2009 年	以特许加盟模式为主	—
16	全峰快递	北京	2010 年	以特许加盟模式为主	2019 年宣告破产
17	京东快递	北京	2017 年	自营	—

续表

序号	快递企业	总部	成立时间	经营模式	备注
18	极兔速递	上海	2015年	区域代理制（加盟）	—

资料来源：企查查；徐勇. 中国快递企业路在何方. 上海：中国福利会出版社，2013.

与此同时，快递企业之间的竞争十分激烈。以业务量计，2019年，中通快递的市场占有率最高，为19%。其次是韵达速递、圆通速递、百世快递、申通快递和顺丰速运，它们的市场占有率分别为：15%、14%、12%、12%和8%。[1]

以业务量计，2009—2016年国内快递服务企业集中度指数CR4[2]从77.0%下降至49.9%，CR8从85.0%下降至76.7%，集中度持续下滑。CR4和CR8均呈现下降态势，但CR4与CR8的差距从8%扩大至26.8%，即排名4~8位的快递企业市场份额从8%增加到26.8%，逐步蚕食前四强的市场份额。但是从2017年开始，快递服务企业集中度又开始逐年上升，到2022年，CR8又回到84.5%。[3]

随着快递行业的飞速发展，快递在国民经济中发挥着越来越重

---

[1] 中国快递行业蓝皮书.（2020-03）[2024-10-02]. https://pdf.dfcfw.com/pdf/H3_AP202004211378315139_1.pdf

[2] CR是concentration ratio的简称，指行业集中度指数，CR4即指前四强企业集中度指数。CR4将集中类型分为六个等级，即极高寡占型（CR4＞75%）、高集中寡占型（65%＜CR4＜75%）、中（上）集中寡占型（50%＜CR4＜65%）、中（下）集中寡占型（35%＜CR4＜50%）、低集中寡占型（30%＜CR4＜35%）、原子型（CR4＜30%）。

[3] 中华人民共和国国家邮政局.

第二章 中国快递行业发展的三个阶段

要的作用，快递业务量在我国 GDP（国内生产总值）中的占比逐年攀升。如图 2.1 所示，2006 年快递业务量占 GDP 的比重为 0.14%，到了 2015 年，快递业务量已经占到 GDP 的 0.53%。经过 2016 年短暂的停留，2017 年开始，快递业务量占 GDP 的比重又开始迅速上升。到 2022 年，快递业务量占 GDP 的比重已经接近 1%。

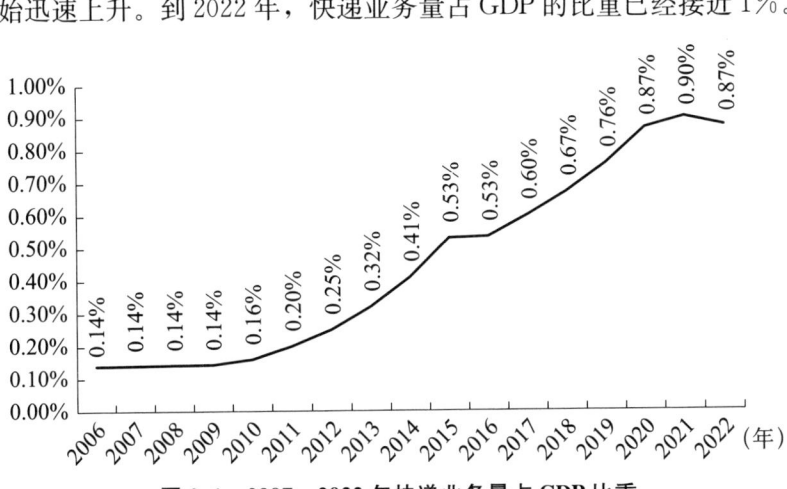

图 2.1 2007—2022 年快递业务量占 GDP 比重
资料来源：中华人民共和国国家邮政局、国家统计局。

而在更为微观的层面上，快递已迅速成为人们日常生活中的一个重要组成部分。如图 2.2 所示，2007 年，中国居民的年人均快递量是 0.9 个。但是到了 2016 年，中国居民每年每人平均收 22.6 个快递，十年内达到了约 25 倍。2016—2022 年，中国居民年人均快递量的增长速度更快。到 2022 年，中国居民的年人均快递量达到了 78.3 个，是 2007 年的 87 倍。这是全国层面的数据，在经济较发达地区，居民的年人均快递量还会远远超过这个数值。

图 2.2　2007—2022 年中国年人均快递量
资料来源：中华人民共和国国家邮政局、国家统计局。

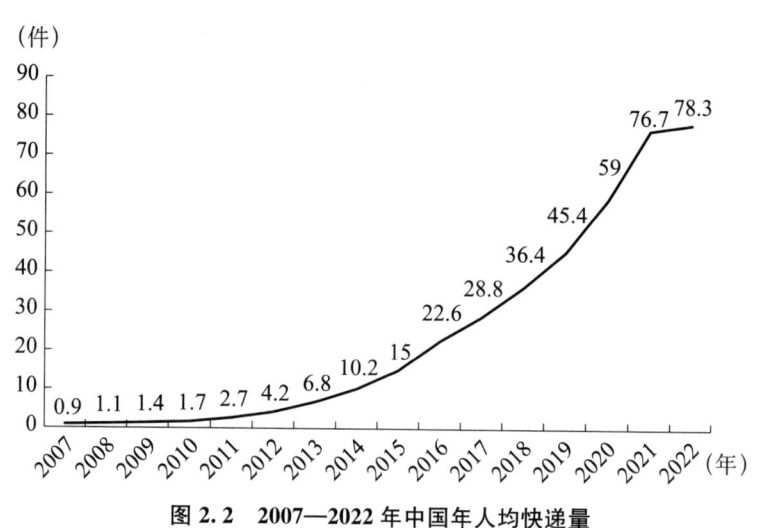

二、快递行业发展的决定性因素

(一) 政策因素

1986 年《中华人民共和国邮政法》第一章第八条明确规定：信件和其他具有信件性质的物品的寄递业务由邮政企业专营，但是国务院另有规定的除外。这意味着，民营快递企业在成立之初处于一个法律的灰色地带，很有可能会被邮政局以"黑快递"的名义实

第二章　中国快递行业发展的三个阶段

行"执法检查"①。但是随着我国经济体制改革和产业改革与转型的不断深入,民营快递企业逐渐从灰色地带走到了阳光下。2006年《中华人民共和国国民经济和社会发展第十一个五年规划纲要》(简称《"十一五"规划》)第十八章提出,要"打破垄断,放宽准入领域……鼓励社会资金投入服务业,提高非公有制经济比重"。在改革的大背景下,2007年国家邮政局发布了《邮政业"十一五"规划》,并颁布了《快递服务》邮政行业标准。文件中提出,"十一五"期间,国家邮政业的主要任务之一是:"改善快递服务发展环境……解决制约我国民族快递企业发展的瓶颈问题,鼓励和支持民族快递企业加快发展。"此后,国家对于快递行业的发展逐步从"默许"到鼓励,接连出台了诸多政策(见表2.5)。

表2.5　中国快递行业政策一览

年份	政策	颁发部门	影响
2009	《物流业调整和振兴规划》	国务院	1. 鼓励邮政企业深化改革,做大做强快递物流业务。 2. 大力发展邮政物流,加快建立快递物流体系,方便生产生活。
2011	《国家邮政局关于快递企业兼并重组的指导意见》	国家邮政局	鼓励指导快递企业通过兼并重组建立健全现代企业制度,加快转型升级,进一步做大做强。

---

① 李芏巍. 快递来了:顺丰速运与中国快递行业30年. 北京:中国铁道出版社, 2013.

续表

年份	政策	颁发部门	影响
2011	《邮政业发展"十二五"规划》	国家邮政局	明确提出邮政业"十二五"规划的主要任务之一是促进快递转型升级。
2014	《无法投递又无法退回邮件管理办法》	国家邮政局	1. 省级邮政企业应当将无法投递又无法退回邮件处理的内部机构报省级邮政管理机构备案。2. 省级邮政企业应当对经过确认的无法投递又无法退回邮件按照时间顺序予以分类登记保管。
2015	《关于促进快递业发展的若干意见》	国务院	1. 发展目标是：到2020年，基本建成普惠城乡、技术先进、服务优质、安全高效、绿色节能的快递服务体系，形成覆盖全国、联通国际的服务网络。2. 重点任务是：培育壮大快递企业；推进"互联网＋"快递；构建完善服务网络；衔接综合交通体系；加强行业安全监管。
2015	《电子商务物流服务规范》	商务部	提高快递行业的信息化水平。
2018	《关于推进电子商务与快递物流协同发展的意见》	国务院办公厅	各地区、各有关部门要充分认识推进电子商务与快递物流协同发展的重要意义，强化组织领导和统筹协调，结合本地区、本部门、本系统实际，落实本意见明确的各项政策措施，加强对新兴服务业态的研究和相关政策储备。各地区要制定具体实施方案，明确任务分工，落实工作责任。商务部、国家邮政局要会同有关部门加强工作指导和监督检查，确保各项措施落实到位。

第二章　中国快递行业发展的三个阶段

续表

年份	政策	颁发部门	影响
2018	《邮件快件实名收寄管理办法》	交通运输部	寄件人交寄邮件、快件时，应当出示本人有效身份证件，如实填写邮件详情单、快递运单等寄递详情单。
2019	《关于规范快递与电子商务数据互联共享的指导意见》	国家邮政局、商务部	支持经营快递业务的企业提供电子商务寄递服务时，通过约定的信息传输方式及时将必要的快件数据（包括但不限于快件收寄、分拣、运输、投递等节点和轨迹数据）提供给电子商务经营者。经营快递业务的企业不得通过限制数据互联共享，阻碍电子商务经营者获取为消费者提供服务所必需的快件数据。
2019	《关于支持民营快递企业发展的指导意见》	国家邮政局	降低制度性交易成本。聚焦制约快递业发展的体制机制障碍，坚持公平、开放、透明的市场规则，逐步完善适应快递业新业态、新经济发展的政策措施，促进公平竞争。深化快递领域"放管服"改革，进一步优化审批服务流程，将快递业务经营许可审批时间缩短至法定时限一半以内。积极推进全流程在线办理"一网通办"，实现企业"最多跑一次"。对企业发展中遇到的困难，要"一企一策"给予帮助。
2019	《快递业务经营许可管理办法》	交通运输部	明确了快递业务经营许可的条件，明确了快递业务经营许可的审批程序。

续表

年份	政策	颁发部门	影响
2020	《关于加快推进快递包装绿色转型的意见》	国家发展改革委等部门	强化快递包装绿色治理，加强电商和快递规范管理，增加绿色产品供给，培育循环包装新型模式，加快建立与绿色理念相适应的法律、标准和政策体系，推进快递包装"绿色革命"。
2022	《关于加快贯通县乡村电子商务体系和快递物流配送体系有关工作的通知》	商务部等部门	升级改造一批县级物流配送中心，促进县域快递物流资源整合，建设一批农村电商快递协同发展示范区，提升公共寄递物流服务能力，争取到2025年，在具备条件的地区基本实现县县有中心、乡乡有网点、村村有服务。农村电子商务、快递物流配送覆盖面进一步扩大，县乡村电子商务体系和快递物流配送体系更加健全，农产品出村进城、消费品下乡进村的双向流通渠道更加畅通，人民群众获得感、幸福感不断增强。
2022	《关于做好2022年农产品产地冷藏保鲜设施建设工作的通知》	农业农村部办公厅、财政部办公厅	推动冷链物流服务网络向农村延伸。依托产地冷藏保鲜设施，鼓励引导邮政快递、供销合作社、电子商务、商贸流通等主体利用既有流通网络优势，整合资源、创新模式，优化田头集货、干支衔接运输和农村快递配送，促进合作联营、成网配套，加快建设农产品产地冷链物流服务网络。鼓励引导产地批发市场、现代农业产业园、加工物流园、电商孵化园等产地园区，重点改造公共冷库设施条件，拓展冷链物流服务内容。鼓励冷链物流运营主体利用设施平台和渠道优势，提升品牌打造和孵化能力。

第二章　中国快递行业发展的三个阶段

(二) 经济因素

地区人均收入水平与快递行业的发展密切相关。相关研究资料表明,历史上许多国外快递企业的创建、发展历史,以及它们的业务由国内扩展到国际的成长历程都能反映出人均 GDP 增长与货运快递需求的发展之间存在一定的规律,即 1 500 美元左右是快递增长的初始点;3 000~5 000 美元是稳定增长期;5 000~8 000 美元是快速增长期;达到 8 000 美元时即进入繁荣期,增速缓慢下行,最终回归个位数稳态增长。[①] 2015 年,中国人均 GDP 达 8 016 美元。按世界银行"人均 GDP 超过 1 万美元为进入发达状态"的标准,中国有包含北京、天津、上海、浙江、江苏、广东、山东、福建在内的十个省市地区符合发达地区标准,这些地区同时也是快递行业发展最为迅猛的地区。到 2022 年,中国人均 GDP 达到 12 741 美元,人均 1 万美元以上的省份已达 20 个。在经济高速发展的背景下,中国快递行业也齐驱并进,快递业务总量和人均快递量屡创新高。

2015 年全年东部地区完成快递业务量 169.6 亿件,同比增长

[①] 李子干.2015 年美国快递行业发展阶段、市场规模、并购与融资以及给我国的启示分析.(2015 - 11 - 18)[2016 - 04 - 15].https://www.chyxx.com/industry/201511/359838.html.

48.1%；实现业务收入2 270.9亿元，同比增长34%。中部地区完成快递业务量23.1亿件，同比增长56.1%；实现业务收入283.9亿元，同比增长48.2%。西部地区完成快递业务量14亿件，同比增长35.9%；实现业务收入214.8亿元，同比增长34.7%。2022年，东部地区完成快递业务量849.6亿件，同比增长0.4%；实现业务收入8 196.8亿元，同比增长1.5%。中部地区完成快递业务量173.5亿件，同比增长10.1%；实现业务收入1 417.0亿元，同比增长6.2%。西部地区完成快递业务量82.7亿件，同比增长4.6%；实现业务收入953.0亿元，同比增长3.6%。

通过以上对比，我们有两点发现。首先，2015—2022年，中国快递行业的发展已经从快速发展期进入繁荣期，增速放缓，逐渐回归个位数。

其次，虽然中部和西部地区的增长速度较快，但是在快递业务量与业务收入量上，东部地区均占有绝对优势（见表2.6）。

表2.6　2015年与2022年中国东部、中部和西部地区快递业务量与收入情况对比

	2015年			
	快递业务量（亿件）	同比增速（%）	业务收入（亿元）	同比增速（%）
东部	169.6	48.1	2 270.9	34.0
中部	23.1	56.1	283.9	48.2
西部	14.0	35.9	214.8	34.7

第二章 中国快递行业发展的三个阶段

续表

	2022 年			
	快递业务量（亿件）	同比增速（％）	业务收入（亿元）	同比增速（％）
东部	849.6	0.4	8 196.8	1.5
中部	173.5	10.1	1 417.0	6.2
西部	82.7	4.6	953.0	3.6

资料来源：2015 年邮政行业发展统计公报．（2016 - 05 - 27）［2023 - 11 - 28］. http://xj.spb.gov.cn/xjyzglj/c100062/c100149/201605/ea93a61b86e144a28294f142e7e4365f.shtml. 国家邮政局公布 2022 年邮政行业运行情况．（2023 - 01 - 18）［2023 - 11 - 28］. https://www.spb.gov.cn/gjyzj/c100015/c100016/202301/c910dd57e739490ea60bda58174ef826.shtml.

（三）互联网的发展及网络电商的崛起

进入 21 世纪以来，中国互联网飞速发展。截至 2024 年 8 月，我国网民规模近 11 亿人，较 2013 年 12 月新增网民 742 万人。互联网普及率达到 78.0％。[①]

随着互联网在国内的迅速发展，网络购物已经成为寻常百姓日常生活中再普通不过的一件事情。截至 2024 年 6 月，我国网民中使用网络支付的人数为 9.69 亿，网民网络支付的使用率由 2023 年 12 月的 87.3％增长至 88.1％。[②] 网络购物用户规模不断扩大，网络购物与消费已经成为越来越普遍的一种消费模式。如图 2.3 所

[①②] 中国互联网络信息中心．第 54 次《中国互联网络发展状况统计报告》．（2024 - 08 - 29）［2024 - 09 - 27］. https://www.cnnic.net.cn/n4/2024/0829/c88 - 11065.html.

示，2007年中国的网络购物用户规模仅为4 640万人，此后在互联网上购物的人数迅速增长，2016年中国网络购物用户达4.6亿人。到2024年6月，我国网络购物用户规模达9.05亿人，占网民整体的82.3%[①]，中国居民几乎已经"全民网购"。

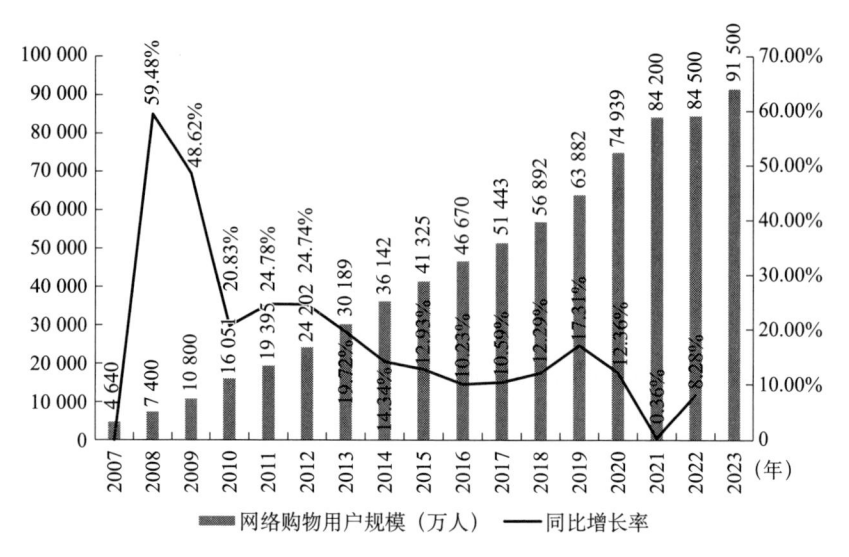

图2.3　2007—2023年中国网络购物用户规模

资料来源：《中国互联网络发展状况统计报告》。

随着人们消费行为的改变，互联网零售规模发生了爆炸式增长。如图2.4所示，2010—2013年，中国的网络零售交易额以较快的速度增长，几乎每年翻一番。其间，网络零售交易额在社会消费品零售总额中的占比也快速提升，从2010年的3.21%增长到2013

[①] 中国互联网络信息中心. 第54次《中国互联网络发展状况统计报告》. (2024-08-29)[2024-09-27]. https://www.cnnic.net.cn/n4/2024/0829/c88-11065.html.

年的7.76%。2014—2017年，虽然增长速度有所放缓，但基本上仍维持了三年翻一番的增速。2016年，网络零售交易额达到12.89万亿元，在社会消费品零售总额中的占比上升至16.02%。2017年，这一比例进一步上升至19.59%。2018—2023年，网络零售交易规模继续扩大，增长率略有下降，但仍呈上升趋势。2020年网络零售交易额占比首次达到30%，到2023年，网络零售交易额在社会消费品零售总额中的占比已达32.70%。

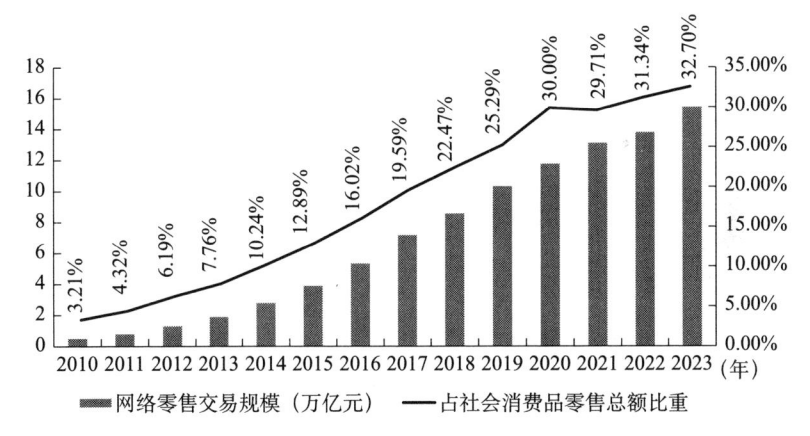

图 2.4 2010—2023年中国网络零售交易规模及其社会消费品零售总额占比
资料来源：《中国统计年鉴》。

快递配送是网络购物的一个重要环节，网购的兴起也在很大程度上推动了快递行业的发展。如图2.5所示，仅以2012年为例，2012年我国网购用户经常购买的十个种类的商品（占所有商品的89.7%）中，除了手机话费充值（16.5%）和手机彩票（3.0%），剩下的八个种类的商品（占所有商品的70.2%）都需要用快递配送。

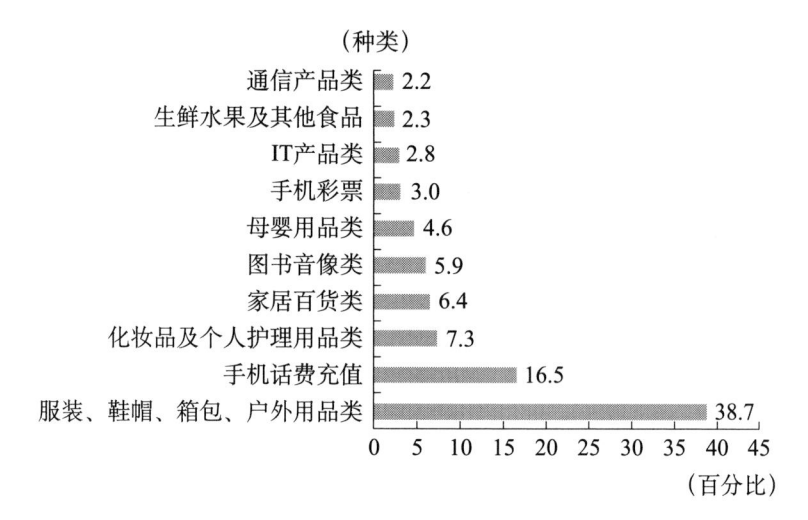

```
(种类)
通信产品类          2.2
生鲜水果及其他食品    2.3
IT产品类            2.8
手机彩票            3.0
母婴用品类          4.6
图书音像类          5.9
家居百货类          6.4
化妆品及个人护理用品类 7.3
手机话费充值        16.5
服装、鞋帽、箱包、户外用品类 38.7
          0  5  10  15  20  25  30  35  40  45
                                      (百分比)
```

图 2.5　2012 年中国网购用户常购商品种类前十名

资料来源：Wind 资讯。

（四）劳动力因素

快递业不仅是一个资本密集型行业，同时也是一个劳动密集型行业。根据北京交通大学、阿里研究院、菜鸟网络联合发布的《全国社会化电商物流从业人员研究报告》，截至 2016 年初，中国的社会化电商从业人员有 203.3 万人，其中一线的快递员约为 118.3 万人，这其中很大一部分人来自中国的农村地区。城乡二元分割体制为中国制造业和服务业的发展提供了一支庞大的劳动力队伍——农民工。

第二章　中国快递行业发展的三个阶段

农民工是中国城市底层服务业劳动力大军的主体，他们出生便获得的"制度性身份"是一种被动取得的社会类别和分层标准，基于社会成员的户籍属性而来，并因此享有与其他社会成员不同的公民权益和福利待遇。受中国城乡二元分割体制的影响，国家不负担农民工在城市的社会保障，城市资本实际只支付农民工恢复本人体力和脑力的那部分生活资料的价值，而把劳动力再生产的其他部分留给农村承担。农民工劳动力再生产的分裂导致了其低廉的劳动力价格，城市资本从中获益。[①] 这支庞大、价格低廉的劳动力队伍也是中国快递行业飞速发展过程中不可或缺的一个重要因素。

中国社会科学院发布的《社会蓝皮书：2021年中国社会形势分析与预测》显示，中国快递员平均月薪4 859元，平均每周工作时间达到70.7个小时，平均时薪为23.9元。而2021年5月，美国劳工统计局公布的调查报告《职业就业与工资统计2021》（*Occupational Employment and Wage Statistics 2021*）中，快递员（couriers and messengers）的就业与收入情况如表2.7和表2.8所示。

表2.7　2021年美国快递员规模及平均收入

就业人数	平均时薪（美元）	平均年薪（美元）
68 310	16.48	34 270

注：年薪的计算方法是每小时平均工资乘"全年全职"工作时间（2 080小时）。
资料来源：Occupational employment and wages, May 2021. (2022-03-31)[2024-09-20]. https://www.bls.gov/oes/2021/may/oes435021.htm.

---

① 何明洁. 劳动与姐妹分化："和记"生产政体个案研究. 社会学研究，2009，24(2)：149-176，245.

表 2.8 2021 年美国快递员收入分布

工资百分位分布	10%	25%	50%	75%	90%
时薪（美元）	11.47	13.92	15.89	18.00	22.22
年薪（美元）	23 850	28 960	33 050	37 440	46 220

资料来源：Occupational employment and wages，May 2021. (2022-03-31) [2024-09-20]. https://www.bls.gov/oes/2021/may/oes435021.htm.

截至 2021 年 5 月，美国快递员的规模为 68 310 人，他们的平均时薪为 16.48 美元，平均年薪为 34 270 美元。从快递员的收入分布情况中可以看出，有 50% 的快递员时薪在 15.89 美元以上，75% 的快递员时薪在 13.92 美元以上，有 10% 的快递员时薪能达到 22.22 美元以上。

2021 年 1 美元相当于 6.37 元人民币，以此推算，美国快递员的平均时薪约为中国快递员平均时薪的 4.39 倍。而这仅仅是时薪层面的对比。在社会保障层面，中国快递企业对快递员的投入更低，尤其在加盟分公司中。因为加盟分公司的快递员大多由加盟商自行招募，在劳动权益方面得到的保护相对不规范，需要自行承担更多风险。2019 年对武汉快递员开展的一项调查显示，在整体样本中，有医疗保险、失业保险和意外伤害险的快递员占比分别为 48%、35% 和 34%。[1]

---

[1] 郑广怀. 武汉市快递员外卖员群体调查（上）：疫情前后的工作与生活. (2020-03-30) [2024-09-20]. https://www.thepaper.cn/newsDetail_forward_6733192.

第三章

中国式快递：中国民营快递企业组织形式

第三章　中国式快递：中国民营快递企业组织形式

快递是为现代经济活动提供寄递服务的一种新型产业，不论是国外还是国内，快递企业一般出现于经济发达地区，原因不外乎是这些地区对快递服务的需求量更大，经济承受能力也更强。比如，UPS 诞生在美国的西雅图，DHL 最初的总部设在旧金山；顺丰最早的服务范围仅仅为珠三角地区，申通、圆通则依托上海开展业务，陈东升和陈平是在北京创立的宅急送。在发展过程中，中国的民营快递企业却面对着与外资快递企业截然不同的处境，主要表现在资金来源、法律环境等方面。

一、白手起家：中国民营快递企业的艰难起步

快递行业中有句行话："网点就是快递企业的命脉。"[1] 因此，网点建设一直是所有快递企业的核心任务。但是网点的建设需要场地、人员、交通工具等各方面的投入，是一笔巨大的开支。在世界范围内，任何一家公司都很难在起步阶段就拿出巨额的资金进行网点建设。

西方国家有一套成熟的资本运作体系，快递企业可以通过融资来解决资金问题。如表 3.1 所示，以 FedEx 为例，1971 年弗雷德·史密斯变卖了父亲分给自己的迪克西灰狗巴士公司的股份之

---

[1] 丁雅婷. 联邦快递和顺丰快递竞争优势比较分析. 大连：大连理工大学，2013.

后，才获得了35万美元的流动资产，在获得家族信托集团的担保之后，他又从孟菲斯国民商业银行成功获得了360万美元的商业贷款。靠着这些启动资金，史密斯注册成立了FedEx。然而这些资金对于建立一个覆盖全国的快递运输网络来说，简直就是杯水车薪，初期的投资只够买两架飞机，根本不足以使公司有效运转。[①] 于是史密斯通过在华尔街游说风险投资的方法，最终募集到了6 000万美元的资金。通过表3.1可以发现，1971—1974年，FedEx一直亏损，截至1974年，公司累计亏损2 930万美元。但公司的扩张却在稳步进行：购买飞机、汽车增加运力；增设网点，扩展业务的覆盖范围。这也使得公司的货运量飞速发展——1973年公司每天的快递量约为3 500件，1974年约为8 000件，同比增长约128%；到了1978年，每天的快递量约为35 000件，是1973年的10倍。[②] 这主要得益于物流行业的规模效应，业务范围越广，对消费者的吸引力越强，购买服务的人越多，货运量也就越大，单件快递的运营成本自然会降低。结合初期的经营状况，如果没有一开始募集到的巨额投资，FedEx很难达到后期的规模效应。

快递企业成立初期需要大量的资金，后期的发展和扩张对资金

[①] 李芏巍. 快递来了：顺丰速运与中国快递行业30年. 北京：中国铁道出版社，2013.

[②] CHAN Y, PONDE R J. The small package air freight industry in the United States: a review of the Federal Express experience. Transportation research part a general, 1979, 13 (4)：221-229.

第三章　中国式快递：中国民营快递企业组织形式

表 3.1　FedEx 成立初期经营状况分析

年份	投资金额	资金来源	投资内容	融资	融资金额	盈利状况	覆盖城市（个）	转运中心数量	每天货运量（个）
1971年	35万美元	个人投资	购买两架达索猎鹰飞机			亏损			
	360万美元	银行贷款				亏损			
1972年	860万美元	个人投资	购买33架达索猎鹰飞机，购买汽车，在全国建设22个网点	万仓保险公司，花旗风险投资公司等	9 600万美元	亏损			
1973年	6 000万美元	融资				亏损	22	孟菲斯	3 500
1974年			增设47个网点			亏损（共计亏损2 930万美元）	69	孟菲斯	8 000
1975年			增设4个网点			盈利（5.5万美元）	73	孟菲斯	11 600

续表

年份	投资金额	资金来源	投资内容	融资	融资金额	盈利状况	覆盖城市（个）	转运中心数量	每天货运量（个）
1976年			增设2个网点			盈利（350万美元）	75	孟菲斯、匹兹堡	18 000
1977年			增设3个网点			盈利（820万美元）	78	孟菲斯、匹兹堡、盐湖城	25 000
1978年			增设21个网点	纽交所上市	321万美元		99	孟菲斯、匹兹堡、盐湖城	35 000

资料来源：CHAN Y, PONDER R J. The small package air freight industry in the United States: a review of the Federal Express experience. Transportation research part a general, 1979, 13 (4): 221-229.

的需求更大。物流行业的规模效应显著，并购整合是必经之路。货运量达到一定水平后单位运输成本将会更低，传导至价格后，价格下降，市场占有率提升，企业收益不断提高，由此良性循环，使得强者更强，弱者更弱。[1] 并购可以分为横向并购和纵向并购。对于快递企业，横向并购可以迅速获取被并购对象的网点、渠道、客户等资源，是迅速扩大网络势力的最佳方法；纵向并购除了可以扩大规模外，还可以降低交易成本，提高生产过程中各个环节的配合程度。[2] 以 UPS 为例，如表 3.2 所示，UPS 就是在大大小小的并购案中逐步发展壮大的。

表 3.2 UPS 重要并购事件

并购方向	并购类型	时间	事件
横向并购	快运公司	1913 年	与竞争对手 Evert McCabe 合并
		1922 年	并购 Russell Peck，获得洛杉矶南部一般承运人资格
		1995 年	收购法国零部件物流公司 Finon Sofecome
		2000 年	收购加拿大药品化学品物流公司 Livingston
		2001 年	收购运输公司 Fritz
		2005 年	收购英国最大的包裹运输公司 Lynx Express Couriers
		2012 年	尝试收购 TNT（被欧盟否决）
		2022 年	收购跨国医疗保健物流供应商 Bomi Group
		2024 年	收购德国医疗保健物流公司 Frigo-Trans

---

[1] 于爽, 沙明月. 中国快递业并购分析. 江苏科技信息, 2015 (32): 39-40.
[2] 科斯. 论生产的制度结构. 盛洪, 陈郁, 等译. 上海: 上海三联书店, 1994.

续表

并购方向	并购类型	时间	事件
纵向并购	物流公司	2004 年	收购万络环球货运有限公司（Menlo Worldwide Forwarding）
	航空公司	1995 年	收购 SonicAir，提供"下一航班运送"服务
		1999 年	收购 Challenge Air，成为拉美最大的快递和空运公司
	货运公司	2000 年	收购美国两家小型第三方汽车货运公司
		2005 年	收购 Overnite，更名为 UPS Freight，扩大了在北美的陆运服务范围
		2015 年	收购卡车货运公司 Coyote
	银行	2001 年	并购美国第一国际银行并将其改造为 UPS 的金融部门 UPS Capital，实现对资金流的掌控，优化供应链管理服务能力
	零售公司	2001 年	并购 Mail Boxes，拓展零售物流方面的业务，将 Mail Boxes 的全国 4 300 个零售门店作为收件和寄件网点

资料来源：作者根据网络新闻报道整理。

但是中国民营快递企业缺乏有效、正常的融资渠道，银行贷款困难，融资担保体系不健全。[①] 在我国，企业的融资渠道主要有三种：银行借贷融资、上市融资和民间融资（自融资）。银行借贷融资主要服务于国有企业，民营企业从银行得到贷款的份额较少，与

---

① 丁雅婷. 联邦快递和顺丰快递竞争优势比较分析. 大连：大连理工大学，2013.

第三章　中国式快递：中国民营快递企业组织形式

国有企业相比处于不平等的地位，甚至很多民营企业即使有好的项目也难以获得银行贷款。一项对上海民营企业的调查发现，上海民营企业的长期资金来源中，银行贷款比重仅占 6%[1][2]。而上市融资对于大部分快递企业，尤其是刚刚创立的企业而言更是天方夜谭。由于我国资本市场还处于起步阶段，对企业发行股票上市融资有十分严格的限制条件，只有达到一定规模的企业才有可能进入股市，上市融资只可能是"锦上添花"，很难做到"雪中送炭"。

因此，许多民营企业只能选择民间融资（自融资）。民营快递企业也面临着同样的问题，即银行借贷融资和上市融资困难，自融资比例较高。顺丰速运的创始人王卫最初只从父亲那里借到了 10 万元启动资金，随着公司的发展才慢慢将业务扩展至全国；"四通一达"的创始人更是白手起家[3]，因此中国民营快递企业面临的最大的问题就是资金问题。

另外，我国的法律环境也影响着我国民营快递企业的发展。历史上，中外各国的邮政业一直由国家专营。邮政专营体制对民营快递企业来说就是法律上的一堵屏障。在中国，快递业务一直由国家邮政局专营。民营快递企业在成立之初处于一个灰色地带，很有可能会被邮政局以"黑快递"的名义实行"执法检查"。2000 年，申

---

[1] 李冠军. 中小企业负债经营分析. 中国农业会计，2008（3）：22-23.
[2] 李冠军. 中小企业融资问题的内部原因与对策. 中国乡镇企业会计，2008（3）：51-52.
[3] 李芷巍. 快递来了：顺丰速运与中国快递行业 30 年. 北京：中国铁道出版社，2013.

通快递付给邮政的罚款近 500 万元,顺丰速运、宅急送等其他快递公司也差不多。①

二、从 0 到 1:中国民营快递企业的"加盟"模式

由于法规与资金等方面的条件不同,外资快递企业与民营快递企业在扩张过程中也采取了不同的战略。首先,外资快递企业主要采取一体化的战略,通过收购、合资扩大市场占有率,创造新的业务增长点。以 FedEx 为例,其在多年的经营历史中曾兼并和收购过多家公司,如飞虎航空②、麦尔柯快递公司③、金考快印④等,从而顺利实现了业务的扩张。

---

① 李芏巍. 快递来了:顺丰速运与中国快递行业 30 年. 北京:中国铁道出版社,2013.

② 飞虎航空是全球最大的定期货运航空公司之一,拥有十分完善的国际航线网络,在 21 个国家拥有长达 45 年以上的航空权和降落权。在它所有的运输机中,有一半以上都是波音 747 型大型运输机,飞机可以在五大洲的上空飞行。在收购飞虎航空之前,FedEx 只有 5 个外国机场着陆权,而在收购飞虎航空以后,它可以在欧洲、东南亚、南美等的许多城市拥有飞行权和着陆权,再也不会因为没有着陆权而把许多国家的业务转交给其他航空公司,而是直接在这些航线上使用自己的飞机运输货物,大大改善了海外营业状况。

③ 麦尔柯快递公司的服务网络遍及全世界 80 多个国家和地区,对麦尔柯快递的收购使 FedEx 的业务延伸到荷兰、英国以及阿拉伯联合酋长国等国家。

④ 金考快印是美国最知名的品牌之一,以其一站式文件处理和商务服务而著称。2004 年,FedEx 通过并购金考快印,将金考的文印、包装服务和数字服务同自己的递送服务充分结合,开拓新的市场,获得更大的利润增长空间。

第三章　中国式快递：中国民营快递企业组织形式

其次，在公司的经营管理模式上采取直营模式。直营是指公司总部直接经营各个分支机构，即由总公司直接经营、管理投资各个网点。总部采取纵深式的管理方式，直接向所掌管的网点下达命令，各个网点也必须完全接受总部指挥。[①]

直营模式中，企业通过自己的雇员或运营团队直接管理和经营其业务，而不是通过经销商、代理商或特许经营者等间接渠道，这样，企业拥有对产品或服务的全面控制权，并直接向消费者提供产品或服务，从而更好地控制品质、定价和营销策略。这种模式通常被用于零售业、餐饮业和服务业等领域，以提高品牌统一性、管理效率和客户体验。同理，快递的直营模式就是指快递公司拥有并经营自己的快递服务网络，不通过代理商或加盟商等中间商进行业务运营。在直营模式下，快递公司直接管理其快递员队伍、仓储设施和物流配送网络，直接提供快递服务给客户。这种模式能够使快递公司更好地控制服务质量、运营成本和客户体验，同时也能够实现品牌统一和市场覆盖面的扩展。

直营模式什么都好，但就是一个字——贵。所以，中国的民营快递企业通常采用加盟模式，即招募有意在一些地区开展民营快递业务的客户加盟，共用一个品牌。[②] 总公司与加盟商之间是一种契

[①] 李芷巍. 快递来了：顺丰速运与中国快递行业30年. 北京：中国铁道出版社，2013.
[②] 陈姗姗. 揭秘民营快递企业地域文化：四通一达均来自桐庐. (2011-02-24) [2017-05-10]. https://www.techweb.com.cn/internet/2011-02-24/910350.shtml.

约关系，而不是领导与被领导的关系。根据契约关系，加盟商必须使用总公司的统一商标，服从总公司的一些基本的规章制度。除了需要定期向总公司缴纳包费、参加公司组织的培训，加盟商在人事、采购、计划、广告、会计和经营方针策略上都享有很大程度的自主权。

（一）加盟模式的特点

第一，需要的资金更少。加盟模式相比直营模式而言，可以以较少的成本快速占领较大的市场。我在田野调查中先后调查了 A1 和 A2 两个分公司（均为加盟商），发现投资分公司网点所需要的很大一部分成本由加盟商自行承担，包括仓库和店面、工人、运输车辆等。经过粗略的估计，每个加盟分公司一年的运营费用在 20 万元左右，A 公司在北京一共有 110 家加盟分公司（截至 2016 年底），那么如果采用加盟模式，A 公司仅仅在北京一个城市一年就能节省 2 200 万元的资金投入。

在田野调查中，A2 分公司老板老杨给我算了这么一笔账。他说："你别看我的这个公司小[①]，当时准备承包分公司的时候一共准备了 20 万，但是后来发现远远不够。第一，押金连同承包费一共交了 10 万块钱。总部怕你拉回来快递不去送，或者拿了快递就跑，就用你的这个押金去赔客户。第二，场地费

---

① A2 分公司的总派送范围在 4 平方千米左右，在分公司规模中属于中小型公司。

第三章 中国式快递：中国民营快递企业组织形式

用。我得租个仓库，还得给这帮兄弟们租个宿舍，宿舍、仓库和餐厅在一块，一年的租金在 8 万块钱左右。另外，我在××小区那边有一个店面，一个月的租金也有 8 000 元，得我自己出。第三，工人的工资。平均下来，他们每个月也得在 3 500 到 4 000 元之间吧？第四，还得有两辆卡车，一辆 4.2 米①，一辆 6 米。② 你得去总部把快递往回拉吧？你还得雇两个司机。那天 4.2 米那个车在路上跟人碰了，司机的驾驶证还过期了，我们全责，又花了 3 000 多。"

中国邮政 EMS 依托邮政原有的网点优势，是目前国内快递网络建设最完善的企业，覆盖全国各大城市及乡镇地区，已经拥有了一张四通八达、遍布全国、通达世界的邮政快递物流网。而民营快递企业的网点多为自建。顺丰和圆通分别是国内民营快递企业中直营模式和加盟模式的典型代表，通过对两家公司经营数据的直观比较可以发现，虽然圆通成立的时间比较晚，但是采用加盟模式的圆通终端网点数远远超过顺丰，在市级、县级、乡镇地区的覆盖率也比顺丰高。得益于这方面的因素，圆通的业务量也远远高于顺丰（见表 3.3）。

---

① 卡车的长度越长，装载的货物越多。
② 6 米的车得晚上 12 点上交一整天收到的快递，然后在公司等着，等到凌晨四五点的时候把快递装上车，6 点多的时候返回，7 点半左右到公司开始卸车、派件。下午的快递比较少，4.2 米的车早上去拉就可以了，中午 12 点左右装完车返回，下午 1 点多到公司。

表 3.3　顺丰、圆通、EMS 对比

	顺丰	圆通	EMS
性质	民营	民营	国有
经营模式	直营	加盟	直营
成立时间	1993 年	2000 年	2010 年
员工	16 万人	45 万人	16 万人
终端网点	近 1.7 万	超过 8.2 万	5.4 万
2023 年业务量	119.7 亿件	212 亿件	—
2023 年底网点覆盖范围			
地级市	100%	100%	100%
县区	98%	99.9%	100%
乡镇	93%	—	100%

资料来源：作者根据网络新闻报道整理。

第二，经营方式更为灵活。在加盟模式中，分公司需要在场地、人力等方面做诸多投入，这也使得分公司在经营管理上享有了主动权。我在田野中先后调查了 A1 和 A2 两个分公司，以下将通过对两个分公司的对比来体现分公司在经营管理过程中的灵活性。

（1）灵活安排工作。虽然 A1 分公司和 A2 分公司的日均派送量均在 3 000 件左右，但是 A1 分公司将工作人员划分成了两组：操作员和快递员。操作员的主要任务有两项：一是将货车拉回的快递卸下车，然后根据区域将快递分派到各个快递员身上。二是将公司收到的寄件按照目的地做好分类，然后建包、装车，送往转运中

第三章　中国式快递：中国民营快递企业组织形式

心。快递员只需要负责将分好的快递装上电瓶车，然后出发去派送，以及将收到的寄件交给操作组。然而 A2 分公司并没有专门安排操作员，货车从总部拉回快递之后，快递员需要负责卸货，然后再从中挑选出属于自己派送区域的快递。快递员收到的寄件也需要由他们来进行分类、建包及装车。

A1 分公司之所以需要安排专门的操作员，据 A1 分公司的老板之一老严说，是因为他们这个区内有几个大的客户，每天都有近千个快递需要发出。操作组（8~10 人不等）将这些快递发出时需要经过扫描、分拣、建包、装车等诸多个环节，一般需要 4 个小时。为什么呢？首先就是量比较大。其次负责取件的快递员每天回来的时间都是不固定的，你不知道他什么时候能送完，什么时候能回来。所以这 4 个小时里，有时候可能很忙，有时候又没什么事做。此外，有的寄件人为了满足自己的顾客对时效的要求，来寄件的时间都比较晚，比如×每天固定晚上 9 点寄件，就是为了把晚上 8 点以前的订单都发货，给顾客一种发货速度快的消费体验。而老严认为快递员在送了一天的快递之后，再让他们上 4 个小时的班进行寄件的录入及分拣工作，根本不现实。而且由于快递员回来的时间不一定，这么多的快递等着他们回来操作，很可能会发不出去，积压在公司。

而 A2 分公司的老杨在谈及为什么不设置专门的操作员时

说:"我这儿没必要,早上这帮兄弟们10多个人一起上,40分钟就分拣完了,而且他们对自己的派送区域比谁都熟,是不是他的件,看一眼就知道,为什么还要操作员?我这里的收件一般不多,每天也就一二百件,多的时候有四百多件,几个人一会儿就弄完了。"

(2)公司选址。公司选址指的是分公司的仓库及员工宿舍所在地。A1分公司负责的区域靠近北京四环,为了节省场地费用,仓库及员工宿舍设在了五环外(五环边上),快递员每天需要从五环外拉着快递进四环。而A2分公司负责派送的区域在三环与四环之间,公司选址也在所负责的派送区域内。A2分公司的老板老杨解释说:"便宜的地方都太远了,电瓶车的电池受不了,就干脆选在这附近了,还方便快递员派送。"

(二)加盟模式存在的问题

加盟模式可以最大化地吸引投资者加入,并以加盟商的资金迅速扩大自己的物流网络,物流网络的扩大又可以进一步扩大市场,提升知名度,发掘出潜在的消费者,吸引更多的资本投资,设立新网点,就像滚雪球一样,雪球越滚越大。例如A公司的加盟分公司越来越多,市场占有率也稳步提升。

但是加盟模式也有自身的问题。2017年2月11日,有网友在百度贴吧发文称:"北京××(公司)某站点积压了几万件快递,

第三章 中国式快递：中国民营快递企业组织形式

电话也打不通，疑似站点倒闭。有××公司工作人员声称公司欠八九万元工资，还允许前来寻件的人随便拿。"[1] 这种终端网点自行倒闭的现象在顺丰速运、FedEx 等直营模式的快递企业中是很少见的，因为加盟商自行雇工、自负盈亏，但也各自为政。A 公司更像是一个包含着无数个小公司的大集团，每个加盟商都从自身的利益出发，A 公司也很难约束各个加盟商的行为。在现代化通信技术的帮助下，A 公司可以实现对快递物流过程的实时监控，并以此为依据来约束各个分公司的行为。但是除此之外，A 公司很难插手各个分公司内部的管理事务。如果将 A 公司的总部和各个转运中心视为一个人的大脑和心脏，那么散布在全国各地的加盟分公司就是一个人的四肢，大脑发出的指令并非都是四肢真正关心的事情。这种情况下，大脑和心脏再发达，如果四肢不协调，结果往往就会是原地打转，止步不前。这些问题在横向上表现为不同加盟分公司之间各自为政甚至相互构陷，在纵向上则表现为经营风险的层层下移。

公司管理层小朱说：

> 说实话，没人认为这些加盟商是你 A 公司的员工，他们都认为自己是老板，每个分公司都是自己的山头。简单地说就是，你把快递给我，我帮你送出去了，我收上来的快递你帮我发出去了，这样就行了。其他你别管，也管不着。

---

[1] 朝晖. 积压如山！曝北京圆通快递倒闭：真相惊人.（2017-02-15）[2018-03-05]. https://news.zol.com.cn/627/6272445.html.

追系统的人

1. 各自为政

在这种情况下，A公司总部虽然也通过操作标准化、公司文化建设、加盟商培训等方法来解决加盟分公司各自为政的问题，但是各种规章制度在一线推行的过程中总会打折扣，同时也会出现各种制度设计的"意外后果"，比如虚假问题件、私自扣留快递、恶意填写理赔金额等。

（1）虚假问题件。

2016年8月20日，A公司的内网上挂出了这样的一则通知：《关于对江苏省××市重大违规的处理决定（第五期）》。

关于对江苏省××市重大违规的处理决定（第五期）

各管理区、省区、加盟公司、分部：

经调查，江苏省××市分公司利用虚假问题件恶意申报仲裁以牟取兄弟公司利益，此行为已严重违反公司条例，激化了网络内部矛盾，大大影响了客户体验度及A公司品牌形象。现根据网络管理制度，对××公司重大违规行为的处理通报如下。

1. 对江苏省××市分公司有恶意申报仲裁的案件给予撤销处理；

2. 另对江苏省××市分公司处以30 000元罚款，如有类似的事情再次发生，将加倍处罚；

3. 要求江苏省××市分公司马上停止该恶意行为，并在三天内提交整改报告至省区管理部，后再报总部。

第三章 中国式快递：中国民营快递企业组织形式

望各加盟公司、分部引以为戒，规范经营管理，杜绝此类事情的发生！

质量控制部
二〇一六年八月二十日

在与客服人员小敬的聊天中，她告知××分公司变相利用了公司的一项规章制度：虚假签收罚款700元/单（该项规定旨在杜绝快递员私自替收件人签收的行为），提出诉讼的发件分公司可以获得罚款中的50%作为回报（这项规定旨在鼓励发件分公司保护发件人的权益）。××分公司利用了这项制度，通过非法手段获得了一部分人的信息及地址，以各种名义向这些人发出快递。由于收件人对这些快递的来源并不知情，许多人都会选择拒签。但是负责派送的快递员并不知情，这些快递到达各个分公司之后，快递员一旦在派送的过程中提前签收，××分公司就提出诉讼，许多快递员便因此吃了哑巴亏。

（2）私自扣留快递。

各个物流环节的扫码是为了便于对快递进行追踪，每一次扫码都会将快递的物流轨迹上传至网络云端。缺少了任何一个环节，之后的环节就无法操作，在网络云端的物流轨迹不完整，快递会成为问题件，需要寻找相应的责任主体，即便这件快递实际上已经送达收件人。而一旦一件快递没有经过扫码操作从一个责任主体转移到另外一个责任主体，在更高层次的公司整体观念缺失的情况下，私

追系统的人

自扣留快递的事件就容易发生。如 2015 年底 A 公司发布的一则通告称,由于员工操作失误,将原本分属于 W 分公司和 Y 分公司的快递错分到了 X 分公司,X 分公司将快递运送回分公司之后,一经扫描就知道这件快递已经由北京转运中心派发给了 W 分公司和 Y 分公司。若私自将此快递扣留,则由 W 分公司和 Y 分公司承担丢失责任。实际上,X 分公司也确实这么做了,只是最终被 A 公司通过监控录像发现了而已。公司客服小敬说,此时,需要花费大量的人力与时间调取监控录像,而且不是每个细节都能查得到,这就会使分公司和转运中心之间产生矛盾。

关于北京市朝阳区 X 分公司恶意扣留快件的处理决定

近期,北京市顺义区 W 分公司和北京市延庆县[①] Y 分公司同时反映由北京转运中心装件发往自家的快件均无记录的情况。发往顺义区 W 分公司的快件单号为 50……,内件为笔记本电脑一台,价值为 5 000 元。发往北京市延庆县 Y 分公司的快件单号为 80……,内件为电热水瓶,价值为 193 元。对此情况我部非常重视,立即对该事件展开调查。

据调查,我部调取的监控录像显示,北京转运中心将两票快件分别装件入车扫描给顺义区 W 分公司和延庆县 Y 分公司,后中心大货分拣员工错将快件分到朝阳区 X 分公司快件框内,

---

[①] A 公司发布通告的时间为 2015 年 11 月 2 日,11 月 13 日国务院下发《关于同意北京市调整部分行政区划的批复》,同意撤销延庆县,设立延庆区。

第三章 中国式快递：中国民营快递企业组织形式

而朝阳区 X 分公司员工明知道快件不属于本公司派送范围却将快件带走，至今没有退回也没有派送。

综上所述，北京市朝阳区 X 分公司明知快件不属于本公司派送范围，将快件带走后并没有派送，也没有退回，该行为属于恶意扣留。该事件对 A 公司品牌造成了极大的负面影响，也给收发件客户造成了很大的经济损失。经华北管理区安保监察部研究决定，对该事件做如下处理：

1. 由北京市朝阳区 X 分公司承担该两票快件的全部责任，折合人民币 5 193 元；

2. 对北京市朝阳区 X 分公司进行 5 000 元罚款；

3. 限令北京市朝阳区 X 分公司于 2015 年 11 月 15 日前拿出整改方案，上交于本安保监察部，如逾期不交，本部将另行处理。

望各加盟分公司、分部引以为戒，加强内部员工管理，提高员工思想教育，杜绝此类事件的再次发生，以维护好客户利益和 A 公司品牌的形象。

A 速递有限公司
2015 年 11 月 2 日

（3）恶意填写理赔金额。

快递丢失的情况下，负责派送的分公司需要对丢失的物品按照原价进行赔偿。一般情况下是由发件分公司联系发件人，确定物品的实际价格。在加盟模式之下，发件分公司与派件分公司并不是一个公司的两个部门,而更像是两个独立的经济体;他们之间不是组织的内部关系,更像是市场关系。这种情况下,发件分公司如果选择故意多报丢失物品的价格,派件分公司就得赔付更高的金额。如表3.4所示,这是A公司在2016年5月公布的《加盟公司恶意填写理赔金额处罚明细表(第四期)》,说明加盟分公司之间恶意填写金额、相互牟取利益的行为是一直存在的。

表3.4 加盟公司恶意填写理赔金额处罚明细表(第四期)

序号	公司名称	票数	处罚金额(元)
1	北京市海淀区复兴路	5	1 000
2	浙江省杭州市萧山区西部	3	600
3	北京市朝阳区南北沙滩	2	400
4	北京市通州区开发区	2	400
5	河北省邢台市清河县	2	400
6	河南省开封市	2	400
7	浙江省嘉兴市海宁市	2	400
8	广东省深圳市宝安区机场	2	400
9	广东省深圳市宝安区龙华	2	400
10	海南省三亚市	2	400
11	北京市朝阳区望京	1	200
12	北京市西城区金融街	1	200
13	北京市朝阳区甜水园	1	200
14	北京市朝阳区黑庄户	1	200
15	上海市市场六部	1	200
16	广东省广州市海珠区大塘	1	200

第三章 中国式快递：中国民营快递企业组织形式

续表

序号	公司名称	票数	处罚金额（元）
17	广东省广州市一德路	1	200
18	广东省广州市番禺区城区	1	200
19	上海市宝山区罗泾	1	200
20	上海市浦东新区金桥	1	200
21	上海市浦东新区世博	1	200
22	上海市浦东新区塘桥	1	200
23	上海市松江区新车	1	200
24	上海市浦东新区周浦	1	200
25	上海市虹口区足球场	2	400
26	上海市浦东新区曹路	2	400
27	上海市浦东新区三灶	1	200
28	湖北省武汉市江夏纸坊	1	200
29	湖北省武汉市武昌区珞瑜	1	200
30	河北省石家庄市新华区太和	1	200
31	河北省石家庄市长安区高营	1	200
32	河南省郑州市京广路	1	200
33	河南省许昌市	1	200
34	河南省平顶山市	1	200
35	河南省信阳市	1	200
36	内蒙古乌兰察布市四子王旗	1	200

续表

序号	公司名称	票数	处罚金额（元）
37	江苏省苏州市高新区	1	200
38	山东省青岛市	1	200
39	山东省济宁市	1	200
40	安徽省淮南市	1	200
41	浙江省杭州市下沙大学城	1	200
42	浙江省杭州市下沙新江湾	1	200
43	浙江省杭州市九堡镇华贸	1	200
44	浙江省杭州市余杭区临平	1	200
45	浙江省嘉兴市桐乡市	1	200
46	浙江省绍兴市上虞区	1	200
47	浙江省金华市	1	200
48	福建省莆田市	1	200
49	福建省漳州市	1	200
50	湖南省长沙市黄花镇	1	200
51	湖南省长沙市岳麓区	1	200
52	湖南省长沙市长沙县泉塘	1	200
53	广东省深圳市布吉	1	200
54	广东省深圳市国贸	1	200
55	广东省深圳市平湖	1	200
56	广东省深圳市宝安区松岗	1	200

第三章　中国式快递：中国民营快递企业组织形式

续表

序号	公司名称	票数	处罚金额（元）
57	江西省南昌市朝阳洲	1	200
58	四川省乐山市	1	200
59	贵州省遵义市习水县	1	200
60	甘肃省天水市	1	200
	总计	76	15 200

发件分公司可以与发件人单独联系，以确定发货物品的真实价格，并上报公司的内网系统进行责任仲裁。表中的分公司被发现恶意填写理赔金额是因为它们上报的发货价格与发件分公司上报的发货价格不一致。① 但是如果发件分公司与发件人联合串通，派送分公司也只能按照发件分公司上报的价格进行赔偿。

在对A1分公司的二级加盟商颜先生进行访谈时，颜先生打了一个电话，他问对方："你查一下，你上周四发到四川的那个快递里面是什么东西，值多少钱？"对方虽然报了一个数目，依稀听到是66元，但是颜先生说："哦，是面膜是吧？这样吧，我这边给你报278元，到时候如果有人跟你联系，你就说价值是278元，到时候我就给你278元。"后来颜先生跟我说，打电话的是他的一个客户，在淘宝上卖一些美容产品。在

---

① 一般将与发件人的聊天记录截图、交易截图作为确定发件价格的证据。

发生丢件的情况下，颜先生选择了牺牲其他加盟分公司的一部分利益来增加自己的客户黏性。

公司客服小敬说，在这种情况下，只能联系买家，让买家上传交易截图，否则就只能按照发件方上报的价格进行赔偿。

2. 风险的层层下移

升级信息技术手段是为了确保整个对物流过程的有效监督与管控，但是在加盟模式下，这套技术又成了资本将经营风险层层下移的重要手段，最终很大一部分的经营风险被分摊到了一线快递员的身上，这是许多快递员"负工资"、劳动权益难以得到保障的一个深层原因，也是快递员离职的重要导火索之一。

如图3.1所示，根据公司章程的规定，在操作规范的管控之下，大部分物流过程中可能出现的问题最终都会由负责操作的快递员（或者操作员）负责。由于公司总部与转运中心作为更高一个级别的部门拥有更大的话语权，它们的经营风险会被进一步转嫁到下一级的加盟分公司身上，而最终，风险毫无例外地被加盟商转嫁给了一线快递员。

××大学的马老师在2016年11月买了一台烤箱，但是由于电源接口不合适最终选择退货。但是这个重达35千克的烤箱却没有快递公司愿意接单，我就顺手介绍了A2分公司的张×给马老师，张×将烤箱细致打包好，并装好木架发出，不曾想烤箱到了收件地之后木架不知所踪，烤箱正面的镜子也被撞

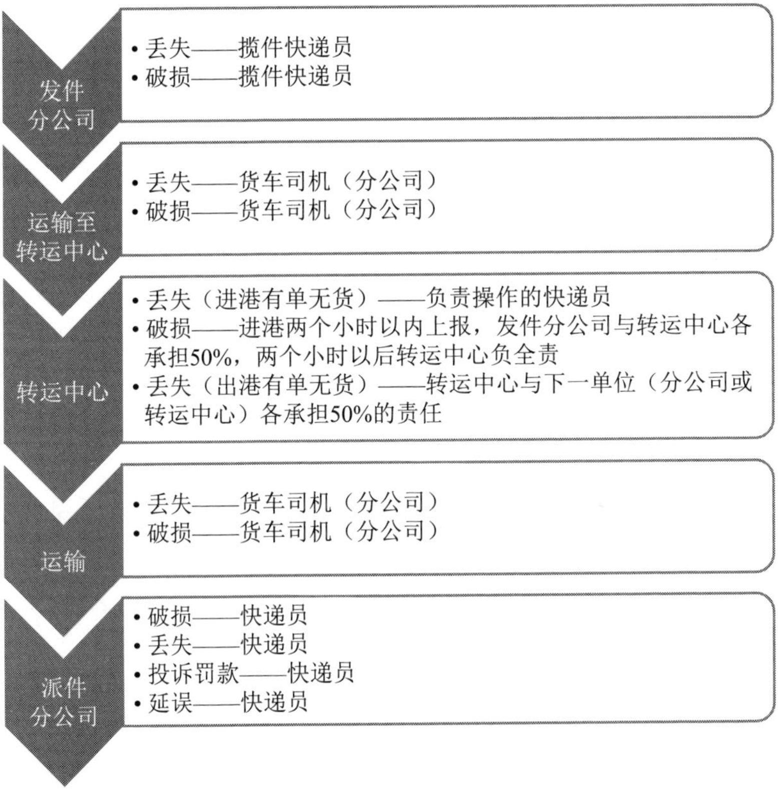

第三章 中国式快递：中国民营快递企业组织形式

发件分公司
- 丢失——揽件快递员
- 破损——揽件快递员

运输至转运中心
- 丢失——货车司机（分公司）
- 破损——货车司机（分公司）

转运中心
- 丢失（进港有单无货）——负责操作的快递员
- 破损——进港两个小时以内上报，发件分公司与转运中心各承担50%，两个小时以后转运中心负全责
- 丢失（出港有单无货）——转运中心与下一单位（分公司或转运中心）各承担50%的责任

运输
- 丢失——货车司机（分公司）
- 破损——货车司机（分公司）

派件分公司
- 破损——快递员
- 丢失——快递员
- 投诉罚款——快递员
- 延误——快递员

图3.1 物流过程及责任分配主体

得支离破碎，原价2 500元的烤箱最终只能折价1 700元。按照公司规定，应该由马老师提出申诉，公司客服部门对快递的各个流程进行追查，确认责任人。但是张×却给马老师打了个电话，表示马老师的损失最终只能由他个人赔付，"因为公司规定了，破损的东西一般都是谁发的谁负责，这件快递是我收的，最终在运输过程中破损了，只能是我负责"。客服部门的

小王说:"一个东西丢了就是丢了,但是说坏了,你要确认是在哪个环节损坏的,谁也说不好,查也不一定查得到。如果按照原来的规定做的话,很多人都会有意见,还会有一些分公司故意发一些破损的快递讹诈转运中心或者其他加盟分公司。所以最后只能让收件的快递员认真一点,容易碎的东西尽量不要收,收了出现问题就得他们负责。"

因此在收发一些易碎品时,快递员经常会跟发件人说"包丢不包碎",意思是如果快递丢失,会做原价赔偿,但是如果快递破损,则不会进行赔偿,这是快递员在应对被转嫁的风险时所采取的一种自保的措施。但是如果发件人向邮政管理部门提出申诉,快递损坏的赔偿还是会落到快递员身上。马老师最终没有投诉,而是自己填补了700元的损失,发货费300元也没让张伟退还,他说:"他们也不容易。"

(三)加盟模式下快递站点的"二次转包"

加盟分公司在经营的过程中普遍存在二次转包的现象,血缘、地缘关系网络对于成为二级承包商而言具有更为重要的意义。在对浙江"桐庐系"的民营快递企业的研究过程中我发现,在这些民营快递企业的起步阶段,血缘、地缘关系与加盟模式的有效结合促进了企业规模的迅速扩张。"由于桐庐系的快递公司总部和重要区域的加盟商都是出身同一地区的从业者,大家的思维方式和价值观相

第三章　中国式快递：中国民营快递企业组织形式

似,这样执行力就会很强且成本很低。而反观一些无法复制和管理好这种模式的快递企业,很多都是依靠各地的'地头蛇'进行组合,合作上难免出现摩擦。"①

虽然随着企业规模的壮大,民营快递企业在选择加盟分公司的过程中逐步趋于市场化,但是在加盟分公司内部,我们依然可以发现加盟模式被许多分公司的老板有意无意地执行着。如上文所述,加盟分公司需要自行在网点场地、人力等方面做诸多投入,为了缓解巨大的资金和管理压力,它们会将一部分区域再次承包出去。这些承包商相当于二级加盟公司,在分公司负责的区域中承包了一个片区,负责该片区的揽件和派件,自负盈亏。二级加盟公司直接隶属于分公司,不受总部、转运中心的直接管辖,每件快递的派件费与普通快递员一样,还是1元,但在揽件上有更多的利润空间。一般而言,对于1千克的货物,二级加盟公司只需要向加盟分公司交2.6元的面单费②,再交5元左右的运费。

分公司与二级加盟公司之间并不是纯粹的市场关系。相反,分公司和二级加盟公司之间必须先有某种社会关系的存在,或者是血缘、地缘关系,或者是由业缘引发的朋友关系。表3.5是我田野调查所在的A1分公司和A2分公司中承包商与分公司老板之间的社

---

① 陈姗姗. 民营快递桐庐帮：内部盘根错节 老乡朋友优先加盟. (2016-02-22) [2017-04-15]. http://finance.china.com.cn/industry/hotnews/20160222/3594114.shtml.
② 分公司也以同样的价格从总部购买面单。

会关系。

表 3.5 分公司中承包商与分公司老板之间的社会关系

	承包商	与分公司老板的关系
A1 分公司	严小燕	老板的二姑
	老颜	老板的前同事
A2 分公司	张伟	老板妹妹的前员工
	任大伟	与老板的侄子是顺丰的同事
	赵登义	老板的河南老乡

注：A2 分公司在 2010—2016 年几经易手，张伟、任大伟、赵登义三人也是在不同时期开始承包的，他们均不是从 A2 分公司现在的老板手中获得承包权的。但是在 A2 分公司转手的过程中，他们的承包权被保留了下来，成为下一个老板的承包商。这其中涉及的法律问题不是本文论述的重点，有待后续的研究。

张伟刚开始的时候是 L 速递的快递员。在谈及自己如何进入 A 公司，并成为承包商的时候，张伟说：

> 我当时在德胜门，干的是 L，后来老板娘跟我说，她有一个亲姐姐，在××大学边上干快递，××大学那边货太多了，缺人手，反正我也是住在××大学，问我愿不愿意过去。我想，××大学离我住的地方还近，在哪儿干不是干啊？就这样，我就到了 A 公司这边的分公司，老板我就叫她二姐。干了半年多，二姐跟我说，想把××大学这边的派送区域承包出来，要三万块钱。我那时候手头只有两万，就先给了她两万块钱，后来又借了一万块钱给她。

任大伟最早是在顺丰速运送快递，分公司老板的侄子小颜是他在顺丰的同事,又是河南老乡。同事加老乡的双重关系下,他们私交也不错。

  任大伟说:"我们以前经常下班之后就去喝酒。"小颜的叔叔后来成了A2分公司的老板,但是干了不到几个月就亏损了十几万,小颜接替叔叔开始经营、管理分公司。任大伟说:"送快递赚不了什么钱,要赚钱还是得自己干。"小颜开始经营A2分公司之后,任大伟就找小颜喝酒,问能不能包一块地方给他。小颜爽快地答应了,并且对任大伟说:"前面三个月的派费,我把两块五全部给你,等你适应了,上了轨道之后,我们就按正常的派费走。"

血缘、地缘关系与加盟模式的有效结合对企业管理的影响主要体现在以下两点。

第一,这种熟人关系降低了双方信息不对称的状况。不仅承包商对分公司的投入情况、经营情况有了更好的了解,而且分公司老板也更多地掌握了承包商的情况。张伟之所以被介绍到A公司的××大学分公司,就是因为××大学分公司的老板通过自己的亲属关系(亲姐妹)了解到了张伟的工作能力及资产状况。

第二,这种熟人关系网络能稳固双方的信任关系,进一步降低交易成本。分公司可以将自己的片区划成小块片区进行二次转包,这样的优势有以下两点:(1)减轻资金和人员投入。分公司网点的很大一部分成本均由自己承担,包括仓库、店面、员工、运输车辆等,此外还需要向总公司缴纳一笔保证金,数额视该地区的快件量而定,一般在十万到数十万之间,有的地区能达到上百万。这就对分公司的资金流动性产生了很大的影响。通过二次转包,分公司可以收取一定的承包费用,将一部分的保证金分摊到二级加盟公司身上。另外,二级加盟公司需要自行雇佣员工,自行置办店面、仓库、运输车辆。以雇佣员工为例,在A2分公司中,共有快递员16名,但直接由分公司雇佣的快递员仅有8名,即通过二次转包,分公司就直接减免了50%的用人成本。(2)分散风险。二级加盟公司在自己所承包的区域内自负盈亏,即总公司因快递丢件、破损而对分公司做的处罚(包括赔偿和罚款),分公司会转至二级加盟公司身上。如表3.6所示,这是A2分公司在2016年9—10月因为快递丢失、延误或者破损等问题导致的罚款。在所有的21条罚款中,承包区的罚款占到了13条,占比61.9%;共计罚款7 260元,其中承包区承担的罚款为3 955元,占比54.4%。

虽然分公司将一部分区域再转包出去可以减少资金投入,降低风险,但同时也面临着较高的监督成本。

首先,二级加盟公司存在"转件"的可能性。转件,顾名思义,就是以A公司名义收的快递转由B公司进行配送。由于快递市场的蓬勃发展,在顺丰速运、"四通一达"等大型的快递公司之外,又出现了一大批小快递公司。为了与大型快递公司竞争,许多小型快递公司打起了"价格战"。我在田野调查中就发现一家小型快递公司打出的广告是:全国首重5元/千克,续重1元/千克。分

第三章 中国式快递：中国民营快递企业组织形式

表 3.6 2016 年 9—10 月 A2 分公司处罚情况

	上报公司	金额（元）	投诉类型	处理日期	责任人	是否承包区
1	广东省深圳市横岗	200	虚假签收	2016/9/24 17:28	张伟	是
2	广东省惠州市惠东县	20	退件延误	2016/10/17 13:04	任大伟	是
3	四川省宜宾市宜宾县	100	私自退件	2016/10/18 10:03	老温	否
4	山东省青岛市	119	超标件费用	2016/10/13 15:22	任大伟	是
5	北京市大兴区工业开发区	100	中转延误	2016/9/19 14:09	站点（老杨）	否
6	四川省成都市金牛区一部	1 300	遗失	2016/9/29 14:33	站点（老杨）	否
7	北京市大兴区亦庄开发区	100	虚假签收	2016/9/23 10:26	任大伟	是
8	北京市海淀区万柳	300	遗失	2016/9/26 10:45	张伟	是
9	甘肃省兰州市	500	遗失	2016/9/27 16:23	张伟	是
10	北京市海淀区万柳	905	遗失	2016/9/29 17:26	谢宝磊	否
11	广东省广州市江高人和	300	遗失	2016/10/3 15:01	妈妈店	否
12	上海市松江区新车	200	虚假签收	2016/10/8 20:58	张伟	是
13	广东省广州市白云龙归	200	虚假签收	2016/10/10 12:06	王恒星	否

续表

	上报公司	金额（元）	投诉类型	处理日期	责任人	是否承包区
14	广东省深圳市吉龙	200	虚假签收	2016/10/10 16：53	王恒星	否
15	北京市海淀区万柳	300	遗失	2016/10/10 19：39	张伟	是
16	北京市海淀区万柳	108	遗失	2016/10/10 19：39	张伟	是
17	天津市赛博	1 300	遗失	2016/10/11 16：11	张伟	是
18	江苏省苏州市常熟市	408	内件破损	2016/10/17 11：18	任大伟	是
19	陕西省咸阳市	200	虚假签收	2016/10/16 15：46	张伟	是
20	浙江省杭州市彭埠	200	虚假签收	2016/10/17 18：40	王恒星	否
21	广东省广州市嘉和	200	虚假签收	2016/10/21 18：28	张伟	是

合计：7 260元

第三章 中国式快递：中国民营快递企业组织形式

公司老板表示，这个价格比他的成本还低。因此，二级加盟公司就可以将收到的快递，以低价转给小型快递公司，从中赚取差价。而消费者一般只关注货物是否被及时、安全地送达目的地，至于是由 A 公司还是 B 公司承担快递派送的任务不重要。由于发件的来源都是不固定的，因此分公司想要监督二级加盟公司的"转件"行为，不仅成本非常高，而且也是不现实的。

其次，分公司的派件收入还受到二级加盟公司派件成功率[①]的影响。A 公司总部为了提升派件的效率，将原来 2.5 元/件的固定派费改成了"固定+浮动"派费制，即 2 元/件的固定派费+0.5 元的浮动派费，浮动派费与派件成功率直接相关。如表 3.7 所示，派件成功率必须达到 98%以上，分公司才能获得 0.5 元/件的浮动派费；如果派件成功率降到了 90%以下，则只能获得 0.2 元/件的浮动派费。以 A2 分公司平均一天 3 000 件的快递量计算，两档派件成功率之间的收益相差 900 元，一个月就相差 2.7 万元。而二级加盟公司的派费基本上是固定的，为 1 元/件。每个承包区每天有少则 300~400 件、多则上千件的快递，如果不能将快递及时送出，则会直接影响分公司所获得的派费。

表 3.7　浮动派费

派件成功率	浮动派费
98%及以上	0.5 元/件

[①] 派件成功率是指在派送时效范围内，被收件人有效签收的快递在全部待派快递中的比重。

续表

派件成功率	浮动派费
95%～97%	0.4元/件
90%～95%	0.3元/件
90%以下	0.2元/件

通过嵌入性的关系，分公司可以在很大程度上降低对二级加盟公司的监督成本。A2分公司的老板老杨虽然会偶尔骑着电动车在所负责的辖区内巡视，但是他自己说，这么做的目的更多是"看看有没有什么问题，或者是担心谁今天的快递比较多，怕来不及送，所以过去看看"。而且，据我跟着老杨外出巡视的情况来看，他主要在自己直接管辖的区域内巡视，而很少到承包区的辖区内。关于对二级加盟公司的监督问题，他的说法是："能及时地把件给我送出去就行了，这个是我能知道的、能直接管的。至于其他的，咱们管得再严，也没用。你总不能派个人天天盯着吧？"从二级加盟公司的角度来说，张伟说到转件的问题时表示：

> 有的快递员存在偷偷转件的情况，这个我们都知道。但是我不这么干。大家都在一个地盘上，你以为你转件神不知鬼不觉，但是老板怎么可能不知道？到时候他说你两句，多难堪啊？老孙为什么送件送得慢？是因为他只要收个大件就这儿转那儿转，转了之后又没及时给人家派费，人家就找上门了。老板也没直说，就说天天（快递）的那个老板小潘找你。我去了才知道，老孙一直在人家那里转快递，结果欠了人家1 000多块钱的派费。你说我多尴尬啊！

第四章

无处不在的系统：资本控制的流程化与标准化

第四章　无处不在的系统：资本控制的流程化与标准化

一、以拓扑学原理为基础的物流网络与公司架构

快递的派送经常是跨区域甚至跨境的，但是"始发地—目的地"这样的物流矩阵不仅大大增加了公司对物流网络管理的难度，而且很容易造成物流资源的闲置与浪费，因为地区之间经济发展的不平等会导致一小部分物流网络流量非常高，剩下的很大一部分物流网络流量却趋近于 0。[①] 比如，每天从北京发往上海的快递量要远远超过一个三线城市发往另外一个三线城市的快递量。1977 年 FedEx 以拓扑学原理为基础创造性地解决了这个问题。FedEx 通过孟菲斯、匹兹堡、盐湖城三个大的转运中心在美国全境建立了"始发地—转运中心—目的地"物流矩阵，大大提高了快递物流网络的效率。[②]

A 快递公司也是根据这样的流动模式来确定自己的组织架构的，公司在大部分的省市地区均设立了直接隶属于总部的转运中心，各个地区的转运中心是快递的集散地。A 公司在全国各地有约

[①] 倪玲霖，王姣娥，胡浩. 中国快递企业的空间组织研究：以顺丰速运为例. 经济地理，2012，32（2）：82-88，159.

[②] CHAN Y, PONDE R J. The small package air freight industry in the United States: a review of the Federal Express experience. Transportation research part a general，1979，13（4）：221-229.

60个转运中心。在转运中心下游，A公司选择了加盟模式，将其大部分的经营区域承包给加盟商。散布在各个地区的加盟分公司从所在的地区揽收快递，通过转运中心发往全国各地，同时又承接从全国其他地区发往本地的快递。

如图4.1所示，以北京市为例，截至2015年底，A公司在北京共有108家加盟分公司。这108家加盟分公司的全年收件量占到A公司在北京全年收件量的98%以上，全年派件量更是占到北京全年派件量的99.5%以上。① 分公司下面又分直营和承包商。直营就是由分公司直接负责揽件和派件；而承包商在分公司负责的区域中承包了一个片区，负责这个片区的揽件和派件，自负盈亏。

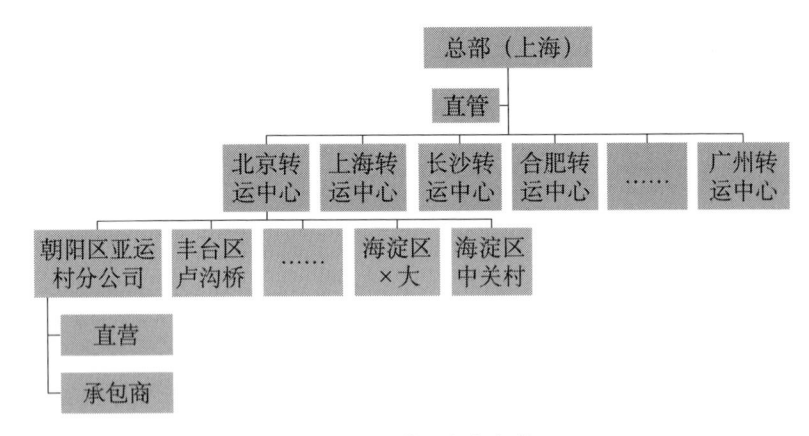

图4.1 A公司组织架构

---

① 有一部分VIP客户由于发件量比较大，不通过加盟商，而是直接向转运中心发送快递。比如本研究中的客户VIP9，2016年1月他发出的快递有10 239件，重量达6 000千克。像这样的VIP客户，A公司在北京一共有9个。

第四章 无处不在的系统：资本控制的流程化与标准化

二、标准化的流程与操作

（一）标准化的流程

A公司设计了一套严格的物流过程来规范每件快递的收发与派送过程。如图4.2所示，一件快递从发出到收件人签收，需要经过诸多环节。一般来说，一件快递从发件人到收件人手上，中间要经过收件、分拣、建包等环节。

快递员揽收的快递通过所在地区的转运中心发往全国各地的转运中心，而从其他地区来的快递也需要通过转运中心下发给各个分公司，然后由快递员进行派送。比如，如图4.3所示，一件从浙江省余姚市发往北京市海淀区××大学的快递会经过A公司余姚分公司、杭州转运中心、北京转运中心、北京市海淀区××大学分公司。

不能直达目的地转运中心的快递有些时候需要经过一些其他地区的转运中心中转。比如，如图4.4所示，一件从福建省泉州市德化县发往内蒙古呼伦贝尔市扎兰屯的快递，不会直接从泉州转运中心直接发往呼和浩特转运中心，而是需要在北京转运中心进行中转。

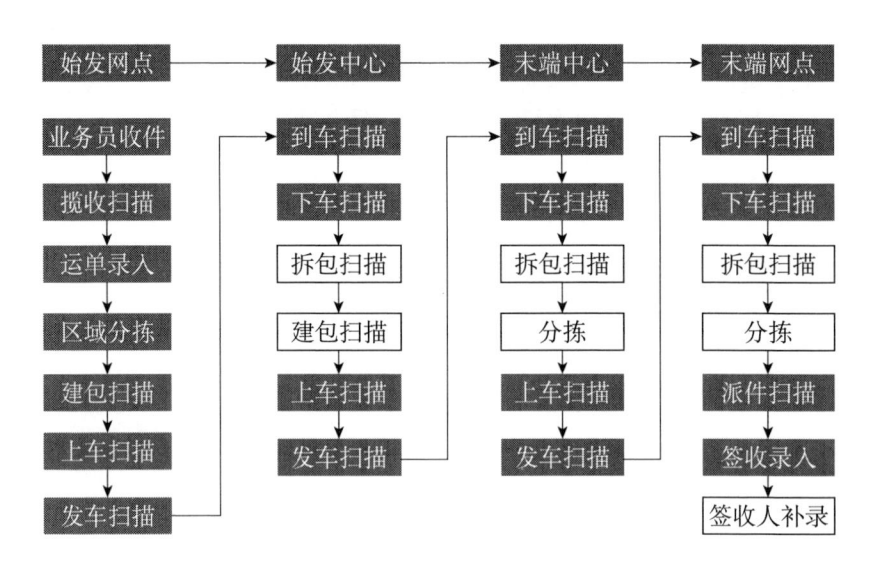

图 4.2 快递物流过程与基本操作

注：黑色方框表示的是每件快递均需要经过的操作环节，而白色方框表示有些快递需要经过这个操作环节，有些则不需要。比如北京市发往福建省漳州市的快递，需要在福建转运中心（末端中心）进行拆包，然后与全国其他地区发往漳州市的快递一同进行分拣，再装车发往漳州市的各个区县。

图 4.3 A 公司快递物流过程（一）

（二）规范化的操作

A 公司不仅规定了规范化的物流过程，对于物流过程的每一个

第四章　无处不在的系统：资本控制的流程化与标准化

发件人 → 泉州市德化分公司 → 泉州转运中心 → 北京转运中心 → 呼和浩特转运中心 → 呼伦贝尔分公司 → 收件人

图 4.4　A 公司快递物流过程（二）

环节也设计了相应规则来约束快递员的劳动过程。规则主要包括操作规范与操作时限：操作规范是对具体的操作内容的要求与限制，而操作时限是要求相应的操作必须在限定的时间内完成。

1. 收件流程

如图 4.5 所示，对于快递员们上门揽收快递的环节，A 公司规定了 12 个标准步骤，并且明确了每一个步骤的操作规范和要求。以快件包装和运单填写为例。

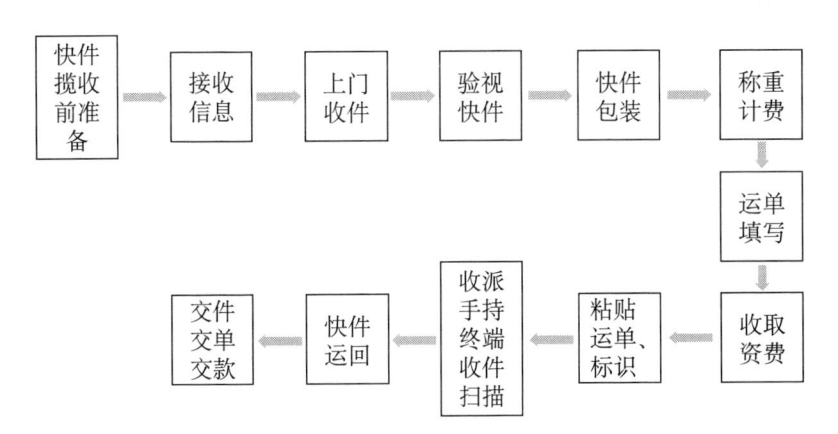

快件揽收前准备 → 接收信息 → 上门收件 → 验视快件 → 快件包装 → 称重计费 → 运单填写 → 收取资费 → 粘贴运单、标识 → 收派手持终端收件扫描 → 快件运回 → 交件交单交款

图 4.5　A 公司规定的快递员揽收快递流程

快件包装有五个原则：(1) 坚固完好。良好的包装是保障快件

95

安全运输、中转以及操作人员安全的重要前提。（2）便于装卸。包装外表面不能有突出的钉、钩、刺等，以便搬运、装卸和摆放。（3）包装适度。包装时应根据货物的特性选用合适的包装箱及填充物，避免包装材料不足或浪费。（4）包装严密。外包装应与货物的保护材料、缓冲材料及内容物成为一体，不能有空隙。（5）易碎防护。包装易碎物品时须在包装内部周围加垫防震材料，防止破碎。

具体而言，对于易碎、怕震、怕压等物品，公司规定包装材料必须包括纸箱和填充材料。包装的要求有三项：（1）用泡沫材料整体包裹易碎物品；（2）放入纸箱后应与箱板之间保留2cm的空间；（3）使用填充材料将空间填满，保证内件在运输途中不晃动。对于不规则的物品，包装材料包括泡沫、三角筒、纸箱。包装要求：用泡沫膜将内件包好装入三角筒内，并使用填充材料将内件与三角筒之间的空隙填满。

每件快递上都要贴上一张快递面单（见图4.6），上面主要的信息包括：发件人姓名、地址、联系方式，所发物件及重量，收件人信息、地址及联系方式等。面单共四联，分别为：（1）名址联（由发件人填写，由派件公司留存）；（2）结账联（由发件公司留存）；（3）发件联（由发件客户留存）；（4）收件联（由收件客户留存）。

面单正面共包括七个栏目：（1）发件人信息；（2）快递物品信息；（3）发件人签名；（4）揽派业务员签名；（5）收件人信息；（6）服务与费用；（7）收件人签名。

公司要求快递员在收件时必须按照要求填写快递面单，快递面

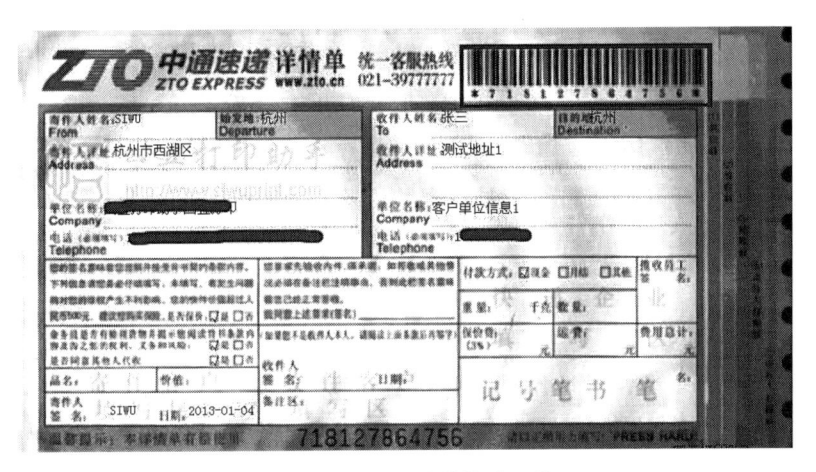

第四章 无处不在的系统：资本控制的流程化与标准化

图 4.6 中通速递的快递面单

单填写完毕之后，还要按照要求在面单的规定位置书写快递的目的地，如图 4.7 所示。目的地的书写也有相应的规范与要求，以便提高快递的分拣速度。目的地填写的基本原则是用记号笔书写到县级行政区域（不含市辖区），如"收件地址：江苏省苏州市昆山市×××"，记号笔标识"昆山"。还有一些特殊规定：市辖区、镇级网点独立，要求写到独立网点，如"收件地址：浙江省杭州市余杭区×××"，记号笔标识"余杭"；"收件地址：浙江省杭州市萧山区×××"，记号笔标识"萧山"；"收件地址：河北省保定市高碑店市白沟镇×××"，记号笔标识"白沟"。

2. 建包

为了提高物流效率，快递在网点之间流转之前需要用麻袋装好，也就是所谓的"建包"，即将分属于不同目的地的快递分别装

追系统的人

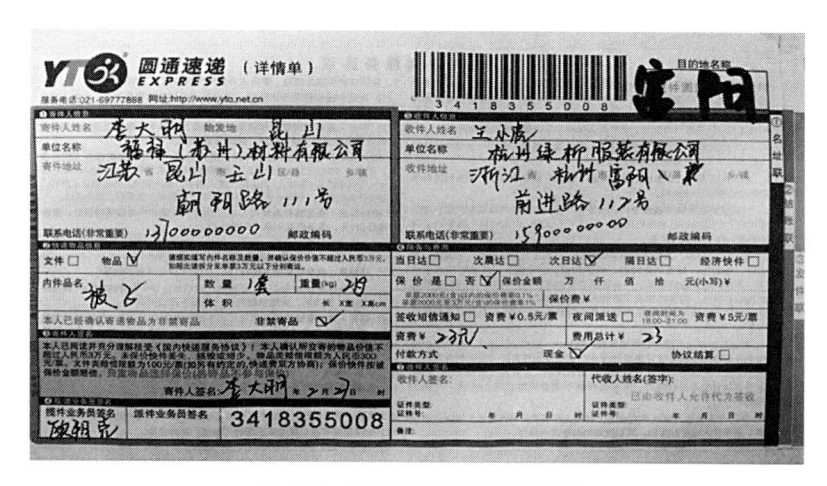

图 4.7　圆通速递面单书写示例

袋。相应地，每个省份的快递公司都有一个建包关系表，对快递目的地区域进行划分，以此为依据判断哪些快递的目的地属于同一区域。快递员从本地区收上来的快递先汇集到分公司，然后根据建包关系表进行分拣、建包。

以北京市为例，北京市发往上海市宝山区的快递应该分拣到上海中心，建上海浦西包（在装有快递的麻袋或者编织袋上写"上海浦西"）；北京市发往上海市浦东新区的应该分拣到浦东中心，建上海浦东包；北京市发往杭州市萧山区的快递，应该分拣到杭州中心，建萧山包；北京市发往杭州市余杭区的快递，应该分拣到杭州中心，建杭州中转包[①]；发往绍兴地区诸暨市和新昌县的快递也分

---

① 杭州中转包的意思是这个包到杭州转运中心之后还需要再拆包分拣一次。

第四章 无处不在的系统：资本控制的流程化与标准化

拣到杭州中心，建杭州中转包（见图 4.8）。

图 4.8　A 公司北京地区分公司的建包关系表（一）

一部分快递需要在始发中心拆包和建包。比如北京市朝阳区发往廊坊地区的件，就建北京中转河北包。其需要在北京转运中心拆包之后，重新建包（见图 4.9）。还有一部分快递需要在末端中心拆包和建包，比如北京市发往杭州市余杭区的快递，应该分拣到杭州中心，建杭州中转包。其需要在杭州转运中心进行拆包、分拣和重新建包。

图 4.9　A 公司北京地区分公司的建包关系表（二）

建包关系表是根据业务量定期调整的，如果 A 地（比如上海市）的快递量较大，则外地发往 A 地的快递就可能被分为 A_1 和 A_2 两个地区，需要分别建包。如果 B、C、D（比如黑龙江省的牡丹江市、佳木斯市、鸡西市）的快递量较小，分别建包不经济，则把从外地发往这些地区的快递在发件的时候都建成一个包（比如哈尔滨中转包）。这些快递需要在哈尔滨转运中心进行拆包，重新分拣，然后重新建包。但如果随着经济的发展，B地的快递量逐渐提升，达到了单独建包的条件，则发往B地的快递就可以单独建包。

由于时效性是快递服务的一个重要特征，因此各个环节的物流过程不仅需要标准化的操作，而且有时效要求。表4.1列出了A公司华北地区几个转运中心的时效要求，快递分为早班件和中班件。如表4.1所示，以北京转运中心为例，公司规定早班件必须在当日6点以前清场，即早班的快递必须在早上6点以前从转运中心发往加盟分公司（或者是下一个转运中心），加盟分公司在收到早班件以后必须在当日14点以前派送完毕，并录入签收。午班件必须在12：40之前清场，加盟分公司必须在当日22点之前派送完毕，并录入签收。若在规定时间之外签收则视为延误，延误处罚50元/票；签收不规范、问题件上报不规范分别为5元/票；谎报问题件或虚假签收，则将面临更高的处罚。

表4.1　A公司华北地区几个转运中心的时效要求

	早班件		午班件	
	中心清场时间	分公司签收截止时间	中心清场时间	分公司签收截止时间
北京转运中心	06：00	14：00	12：40	22：00
天津转运中心	06：00	14：00	13：00	22：00

第四章 无处不在的系统：资本控制的流程化与标准化

续表

	早班件		午班件	
	中心清场时间	分公司签收截止时间	中心清场时间	分公司签收截止时间
河北石家庄转运中心	06：40	14：00	13：00	22：00
山西太原转运中心	06：00	14：00	13：00	22：00
呼和浩特市转运中心	05：30	22：00	12：30	次日22：00

注：中心清场时间即转运中心将快递分派给各个加盟分公司的时间。早班件的中心清场时间一般在6：00左右，意味着很多转运中心的快递员需要在凌晨三四点甚至更早的时间就开始工作。

三、标准化如何落地：培训与考核制度

不论是现代工业还是服务业，企业对工人劳动和生产过程的管理手段与方式之一就是实现工人劳动过程的流程化和标准化。将工人劳动过程流程化之后，就可以将整个生产过程拆分成无数个细小的部分，每个工人只负责其中的一两个环节。标准化就是为劳动过程的每个细节制定一套规范，以达到对工人劳动过程规范和约束的目的。快递公司的站点和员工分散在全国各地，他们对员工的培训则是通过培训加盟商的方式来实现的。莱德纳（Leidner）对麦当

劳的研究发现，麦当劳的一系列标准化与流程化的操作是通过对加盟商与经理人的培训来实现的。①

加盟商在加盟 A 公司之后，必须携带至少一名业务主管到公司总部参加为期三周的培训。培训采取准军事化的管理方式，培训的内容不对外开放。我在对分公司加盟商的访谈中了解到了一些培训的基本情况。

A1 分公司的老严说："培训的主要内容是熟悉各个业务流程，不仅教你怎么做，还会有很多的实操课，让你知道具体应该怎么做。比如快递的包装环节，培训的老师会拿出各种各样的东西来考你，看你怎么包，让你把在课堂上学到的和实际操作联系起来。培训非常严格，就是军事化的管理，我们去之前还要签一个培训保密书，原则上是不允许请假的，如果真的需要请假的话，是要公司总裁办批准的，而且下次还得补上。另外，我们还要学习公司的文化，我们 A 公司的文化是注重分享，'大众创业、天下加盟'。"

培训结束之后，公司会组织一场考试，考试的内容包括基础知识和实践操作两个环节。考试优秀者公司会有相应的奖励，而考试不合格者，A 公司不仅会采取相应的处罚措施，而且会要求该加盟商及其业务主管参加下一期的培训，直至通过考试。

---

① LEIDNER R. Fast food, fast talk: service work and the routinization of everyday life. Berkeley: University of California Press, 1993.

第四章　无处不在的系统：资本控制的流程化与标准化

此外，A 公司还会定期（频率基本在每两个月一次）对加盟分公司的加盟商或者业务主管进行抽查。一般而言，消费者投诉率较高的加盟商被抽中的概率也较高。在考核中不合格的加盟商不仅要接受公司总部的处罚，还会被要求参加下一期的考核与培训。如表 4.2 所示，在 2016 年 6 月的评估考核中，A 公司共有 31 家加盟分公司未能通过考核，因此被要求继续参加培训。

表 4.2　2016 年 6 月评估考核末位加盟公司参培名单

序号	所属管/省区	网点代码	网点名称	备注
1	四川省	834 001	四川省凉山彝族自治州西昌市	此 31 家网点因上一期培训未达到要求，故须继续参加本期培训
2	四川省	827 003	四川省巴中市通江县	
3	东北管理区	433 002	吉林省延吉市	
4	河北省	312 020	河北省保定市高碑店市	
5	华南管理区	755 017	广东省深圳市景田	
6	江苏省	518 007	江苏省连云港市灌南县	
7	江西省	791 062	江西省南昌市朝阳洲	
8	京蒙管理区	100 132	北京市朝阳区现代城	
9	山西省	351 055	山西省太原市晋源区	
10	四川省	280 048	四川省成都市武侯区二部	
11	四川省	833 001	四川省乐山市	
12	广西省①	771 037	广西省崇左市凭祥市	

① 广西省即为广西壮族自治区。为保持表格原状，未做修正。

续表

序号	所属管/省区	网点代码	网点名称	备注
13	贵州省	854 002	贵州省黔南布依族苗族自治州福泉市	
14	贵州省	852 021	贵州省遵义市仁怀市	
15	河南省	371 062	河南省郑州市建设路	
16	广东省	200 028	广东省广州市荔湾区火车站	
17	江苏省	250 043	江苏省南京市珠江路	
18	江苏省	250 051	江苏省南京市白下三部	
19	京蒙管理区	100 097	北京市顺义区后沙峪	
20	山西省	351 068	山西省太原市青龙	
21	山西省	351 050	山西省太原市桃南	
22	山西省	358 008	山西省吕梁市方山县	
23	上海市	210 176	上海市杨浦区复兴	
24	天津市	220 008	天津市东丽区开发区	
25	陕西省	290 024	陕西省西安市南郊一部	
26	陕西省	290 011	陕西省西安市东郊	
27	云南省	870 004	云南省昭通市巧家县	
28	云南省	871 055	云南省昆明市七彩云南	
29	云南省	887 002	云南省迪庆自治州香格里拉市	
30	云南省	872 009	云南省大理自治州剑川县	
31	重庆市	230 065	重庆市渝北区四部	

第四章　无处不在的系统：资本控制的流程化与标准化

四、如影随形的监控：信息监控系统

信息技术的发展成果被积极有效地运用到了诸多行业与诸多领域中，这也使得管理者对特定劳动过程的监控成为可能。肖莎娜·祖博夫（Shoshana Zuboff）区分了信息技术与机器技术，她认为信息技术具有两面性：一方面，以技术取代人体可以使同样的工作流程更具有连续性，更易被控制；另一方面，信息技术的大数据特性也使得组织可以完成其工作过程中流程、生产信息的记录和保存，从而增加了工作流程中过去往往部分或者完全模糊的行为的透明度。[1]

卡拉汉和汤普森（Callaghan & Thompson）对英国一综合电话中心的研究发现，对这些工作场所的管理在很大程度上依赖于信息技术，不仅在安排和指导工作方面，还在监控与评价工作方面；控制经由技术实现了制度化，并通过科层控制下工作场所社会与组织结构的塑造得到进一步加强和深化；这种强有力的结构控制组合是资本将劳动力转化为可用劳动的典型案例。[2]艾略特和隆（Elliott & Long）对一个现代化的物流仓库的研究发现，计算机经过严密的计

---

[1] ZUBOFF S. In the age of the smart machine: the future of work and power. New York: Basic Books, 1988: 372-383.

[2] CALLAGHAN G, THOMPSON P. Edwards revised: technical control and call centres. Economic and industrial democracy, 2001, 22 (1): 13-37.

算，可以对工人的劳动过程进行严格控制，包括导航、指导以及评估等各个方面。此外，管理层可以通过构建一个"电子竞技场"来稳固计算机控制。电子竞技场将工作转化成了一个游戏，但是这并没有改变劳动过程的传统控制模式。[1]

随着经济发展、产业转型及生产组织模式的变迁，尤其是平台经济的崛起。劳动过程研究也在不断地进入服务业、信息行业等新兴行业，尝试揭示资本实现剩余价值的秘密。[2][3][4]尤其是平台经济的飞速发展吸引了大量的学者开始关注平台劳动者的劳动过程，从网络作家[5]到网络主播[6]，再到网约车司机[7]、外卖骑手[8]，等等。这些研究从不同角度分析了平台劳动者的劳动与生产过程，为我们

---

[1] ELLIOTT C S, LONG G. Manufacturing rate busters: computer control and social relations in the labour process. Work employment & society, 2016, 30 (1): 135-151.

[2] 李晓菁，刘爱玉. 资本控制与个体自主：对国内空姐情感劳动的实证研究. 妇女研究论丛，2017 (5): 24-36.

[3] 何明洁. 劳动与姐妹分化："和记"生产政体个案研究. 社会学研究，2009，24 (2): 149-176, 245.

[4] 帅满. 快递员的劳动过程：关系控制与劳动关系张力的化解. 社会发展研究，2021，8 (1): 31-51, 241-242.

[5] 胡慧，任焰. 制造梦想：平台经济下众包生产体制与大众知识劳工的弹性化劳动实践：以网络作家为例. 开放时代，2018 (6): 178-195, 10.

[6] 刘战伟，李嫒嫒，刘蒙之. 平台化、数字灵工与短视频创意劳动者：一项劳动控制研究. 新闻与传播研究，2021，28 (7): 42-58, 127.

[7] 赵磊，韩玥. 跨越企业边界的科层控制：网约车平台的劳动力组织与控制研究. 社会学研究，2021，36 (5): 70-90, 227-228.

[8] 陈龙. "数字控制"下的劳动秩序：外卖骑手的劳动控制研究. 社会学研究，2020，35 (6): 113-135, 244.

第四章　无处不在的系统：资本控制的流程化与标准化

理解平台劳动者的劳动过程提供了诸多有益视角。这些研究大多将分析的落脚点放在了信息技术上——平台是以数字技术为底层和支撑，以数据为驱动力的，形成了产品和服务闭环生态的崭新形制；平台技术以赋予不同类型机会的方式吸纳个体行动者进入平台，创生了一种新的社会情境，规避了过去技术需要与组织适配的局面。围绕平台算法，为了获得更高的收入，司机需要让渡自身控制权以服从技术的安排，平台掌握着由算法形成的剩余控制权，获得了远高于平台内其他行动者的权力。平台通过技术手段收集劳动者的劳动信息、管理劳动者的劳动过程，聚焦于平台企业如何通过算法精细化管控平台劳动者的行为，又称为"数字泰勒主义"。"数字泰勒主义"凭借虚拟的软件和数据得以实现，平台系统通过潜移默化地收集、分析骑手数据并将数据结果反作用于骑手而使劳动秩序成为可能[1]，算法借助日益增强的精准性和标准化管理，将劳动过程置于细致入微的监管之下[2][3]。

为了确保操作流程的标准化和流程化，A 公司设立了一套严密的信息监控系统。然而大小不一、形状各异的快递需要在不同的空

---

[1] 陈龙．"数字控制"下的劳动秩序：外卖骑手的劳动控制研究．社会学研究，2020，35（6）：113-135，244．

[2] 孙萍．"算法逻辑"下的数字劳动：一项对平台经济下外卖送餐员的研究．思想战线，2019，45（6）：50-57．

[3] 需要说明一点，这里提到的大部分文献在本研究开展的时候还没有发表，但是为了让读者能更好地理解整个劳动过程研究的发展脉络，我在这里还是将这些文献补充了进来。

追系统的人

间中流转，途径陆、海、空等各种交通运输方式，信息技术的监控能力再强，也很难对整个快递的派送过程进行监控。这时候，快递产品本身就成了监控的载体。

快递面单上还有一个可能经常被忽略的条形码，而这个小小的条形码正是公司对整个物流过程进行监控的关键环节。如图 4.10 和图 4.11 所示，一件快递从发出到收件人签收，需要经过诸多环节，每一个操作环节完成之前和完成之后都需要扫描快递上的条形码来上传工作信息。一般来说，一件快递从发件人到收件人，中间要经过十多个环节的扫描。每次扫描之前需要首先在计算机系统上选择好本次需要进行操作的内容，比如将揽收的快递从分公司发出，则需要在计算机系统上选定"上车扫描"功能，然后持扫描设备[1]进行扫码。扫描主要记录以下信息：快递单号、操作时间以及操作人员。快递单号就是快递面单上条形码下方 9~12 位不等的数字串，每件快递都有一个唯一的快递单号。

每个环节的扫描都会生成一条操作记录，并上传到网上，通过与快递单号进行匹配，这些操作信息就生成了物流信息以及相应的操作人员（责任人），以供管理者和消费者对快递进行追踪和查询。

以现代信息技术为手段，以快递本身为载体，公司管理层实现

---

[1] 主要是把枪和 PDA。PDA（personal digital assistant），又称掌上电脑，可以帮助人们完成在移动中工作、学习、娱乐等。按使用来分类，PDA 分为工业级 PDA 和消费品 PDA。工业级 PDA 主要应用在工业领域，常见的有条码扫描器、RFID 读写器、POS 机等。

第四章　无处不在的系统：资本控制的流程化与标准化

图 4.10　消费者客户端查询到的快递走件流程示例

图 4.11　快递公司内网查询到的快递走件流程示例

了对快递物流过程以及工人劳动过程的实时监控。通过对公司客服小敬的访谈，大致可以将快递走件流程中可能出现的问题分为以下几类。

（1）有单无货。这是指两个网点（包括分公司、转运中心）之间，上一个公司有建包发出的记录，但是下一个公司没有拆包记

109

录。有单无货分为出港有单无货和进港有单无货。出港有单无货在双方都操作规范的情况下，需要双方均摊责任；而进港有单无货则由进港公司独自承担责任。小敬通过内网系统向我讲解道：

> 比如这个件，北京转运中心有建包，到临沂转运中心后再查一下这个包内件，包内的其他快件都有操作记录（下车记录），唯独这一件没有记录。这就是公司与公司之间的有单无货，但是并不是说真的没有货，只是这么一个名称。有单无货分为进港有单无货和出港有单无货，这个属于出港有单无货。这里建包了，但是那里没有拆出来。进港有单无货就是这个件在临沂转运中心已经拆包了，但是后来丢了，就没有后续的操作环节了。
>
> 有单无货的原因有诸多方面。比如包破了，把件给漏出来了。也有可能是在临沂拆包的时候，没有把整个包拆出来，有件遗留在编织袋里。还有可能拆包的时候一下掉出两件，也没人去管。再一个就是运输过程中，面单破损了，没有收发件人的信息。这时可以去无头件里找，也有可能找到。

而当其中一方存在操作不规范的情况时，则由操作不规范的一方承担全部责任。

> 比如这个我们发往临沂转运中心的包，包内其中一个件没有经过转运中心（没有在临沂转运中心做下车），直接就到了下面的分公司进行派送。实际上它肯定经过了，但是没有扫描

第四章 无处不在的系统：资本控制的流程化与标准化

上。这就是临沂转运中心操作不规范。这个件如果没有丢，那么就没有事；但是如果丢了，那就是临沂转运中心的责任。

（2）内件短少，破损，内件污染。顾名思义就是快递在邮寄的过程中，出于各种原因导致的内件丢失或者损坏的情况。发现内件短少或者破损的个人或者部门要及时（两个小时以内）上报问题，否则就有承担责任的风险。

比如这个从天津发往北京的件，因为发件公司称重是2.06千克，天津也是2千克，差不多。但是到北京之后，就变成了1.3千克，明显短少了。这个责任就由重量差异大的两个网点去承担。虽然天津与上一家公司比较一致，但是它和北京转运中心差异最大。在操作规范的情况下，这时候责任就是一家一半。

再比如这个从秦皇岛发到北京的件，秦皇岛建包发到北京转运中心时，重量是1.3千克。但是北京转运中心发到北京×Ｘ大学的时候，重量是０千克。０的意思就是没有做称重，因为没有重量为０的快件。这就是操作不规范，需要承担全责。后来发现人家寄的是一个 iPhone 6s，可能在运输的过程中不知道被什么人给偷了。

（3）无头件。无头件就是没有快递单号，出于面单脱落等原因，无法查询到收件人和发件人信息，因此无法派送的快递。

追系统的人

无头件比较麻烦。一般都会有一个编号,然后全网公开,客户可以上网去找。比如说,这个件是你的,你找到了,然后就申请认领。我们确认内容无误之后就会把件退还给发件人或者继续发给收件人。

(4) 延误件。快递的派送是有时效要求的,因此公司对各个环节的操作过程也有时效要求。转运中心的快递必须在 12 个小时之内发出,而派送到快递员身上的快递则分为早班件和午班件。顾名思义,早班件是当天早上从转运中心发到分公司的快递,需要在当天下午 2 点之前由收件人签收。午班件是当天中午从转运中心发到分公司的快递,需要在当天晚上 10 点之前由收件人签收。超过限定时间未完成派送的快递属于延误,会产生高额的罚款。根据公司规定,延误件按照 50 元/件的标准进行罚款,各地规定可能略有差别。

在分公司,转运中心的货车到分公司仓库之后,你会感觉到一股紧张的气息,每个人都像上了发条的机器,开动十二分的动力在卸货、扫描下车、分拣区域和派件扫描①。用公司主管张伟光的话来说,这就是在"抢时效"。汽车一般 6 点半到公司仓库,带来大大小小 3 000 多件快递;7 点半以前必须把所有的快递派到各个快递员身上;8 点以前,快递员必须出发

---

① 此处的派件扫描是指用 PDA 将快递派到特定的快递员身上。

第四章 无处不在的系统：资本控制的流程化与标准化

去送快递。

我刚到分公司调查的几天，北京正好入秋，秋雨阵阵。那天也正好下着不大不小的雨，上午11点多，大部分快递员都回到了公司。但是他们回到公司后发现，由于转运中心搬家，他们早上出发之后，司机又从转运中心拉回一车快递。件数虽然不多，平均每个人都只有五六件，但是主管在旁边一再强调这是早班件，不是午班件。许多人只好披上雨衣再度出发，有的人甚至连雨衣都没穿就出去了。下午2点左右他们回到公司的时候，基本都已经湿透了。

（5）虚假签收。快递派送的最后一个也是最重要的环节是收件人签收。在快递刚开始兴起的几年，一般需要收件人亲笔签收。但是随着信息技术的成熟，物流信息"上网"之后，签收环节也由"线下"转移到了"线上"，即由快递员派送完毕之后，在系统中录入签收信息，以示完成了该件快递的派送。但是这也造成了一个问题：快递员不需要通过收件人就能在网上录入签收信息。这就是虚假签收。一般情况下，造成虚假签收的主要原因是快递员为了避免时效罚款，所以在收件人签收之前就提前在系统中录入签收信息。也有时候是一些客观的情况导致了虚假签收。

谢小宝跟我说了他被投诉虚假签收的经历。那一次是给一位女士寄一件衣服，收件人出国了，小宝就把快递放在楼下的电子货柜里，并短信告知了收件人。但是收件人有两个手机，收短信的那个手机没带在身上。收件人在网上查询物流信息之后,得知自己的快递已经被签收了,就在网上提交了投诉。她投诉了之后,小宝被认定为虚假签收,按照公司的规定罚款700元。小宝跟收件人联系,说他把快递放到楼下的电子货柜里了,通知短信发到手机上了,并把快递从电子货柜里取了出来,亲自送到了收件人手上。小宝想让收件人出个说明,说当天她已经收到件了。但是,"人家不肯,说'我就是没有当天收到,凭什么给你出这个说明'"。

五、第三只眼:售后服务系统

现代服务行业的特点之一是消费者会为了自身的利益协同资本共同监管工人的劳动过程。因此,除了资本,消费者也可以对快递员的劳动过程进行监管。[1] 尤其是在收件环节和派送环节,在消费者消费快递服务的过程中,他们可以通过公司的客服系统对自己的诉求进行反馈。如图 4.12 所示,客服团队的主要工作就是利用这些物流信息来应对消费者的查件、投诉等各种需求。

公司管理人员小光向我介绍,一般来说,有 10 个快递员

---

[1] 李胜蓝,江立华. 新型劳动时间控制与虚假自由:外卖骑手的劳动过程研究. 社会学研究,2020,35 (6):91-112,243-244.

第四章 无处不在的系统：资本控制的流程化与标准化

的分公司就需要至少配备 2 个客服。A 公司在北京的客服人员有上万人，整个公司的客服人员有十多万人。①

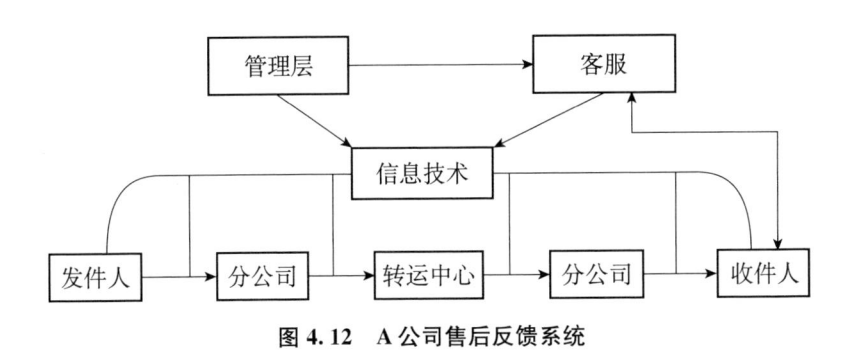

图 4.12　A 公司售后反馈系统

---

①　分公司的客服人员是由分公司自行招录的，总公司并未对这部分人群进行过统计，因此缺乏官方的统计数据。虽然这些数字都是估算的，但是还是可以依此推断出快递公司中存在着一支庞大的客服团队。

第五章

追系统的人:系统与快递员

第五章　追系统的人：系统与快递员

一、与系统博弈的快递员：追系统与超越系统

严密的信息监控系统不是外在于快递员具体的劳动过程中的，而是内嵌于其中的，它要求快递员实时地对快递进行扫描，录入信息。因此，快递员的劳动过程不仅仅是一个派送快递的过程，更是一个追赶系统、与系统赛跑的过程。快递可以没送到，但是签收一定要准时打；客户投诉的问题可以不去管，但是系统里一定要显示这个问题"已解决"。快递员成了一个"追系统的人"，一方面在追"时效"，另一方面在追"售后"。

（一）追时效

受时效的严格要求，快递员面临着三个方面的压力。

第一，工作量大且分布不均。在访谈中，快递员们普遍表示每天送100件左右的快递比较轻松，一旦超过120件，压力就很大了。但是实际上，在田野调查期间，快递员每天派送的快递量基本都在120件以上，多的时候能达到180件左右。而在"双11"期间，每名快递员每天派送的快递都在300件以上。同时，快递员每天需要派送的快递中70%以上都是早班件，也就是上午的派送压力要远远超过下午。

第二，工作量不受自身控制。快递员每天派送的快递数量是他们自身没有办法掌控的，即快递员负责派送区域内每天应派送的快递数量是不固定的。所以每名快递员每天上班之前都无法知道自己今天需要派送多少快递。

第三，工作灵活性低。尽管下午的时间更为充裕，但是快递员不能将早班件拖到下午再进行派送。

工作量大且工作分布不均匀、工作量不受工人自身控制、工作灵活性低，在严格的时效要求下，这些因素大大提高了快递员派送延误的概率。所以，快递员们为了避免延误罚款，每天上午的工作节奏都非常快，和下午悠游自在的样子形成了鲜明的反差。

在和老温送快递的过程中，每天上午老温的节奏都很快。他下楼的时候一般都是扶着扶手，一次下三四级台阶，真的感觉他是从楼上"飞"下来的。而且老温并不是派送一单签收一单，而是派送完毕之后，把快递面单一扯，然后塞进裤兜里，等早班件派送完毕之后，再坐在路边或者快递车里，把裤兜里揉成团的快递面单一张张地展开，用 PDA 扫描上传。但是到了下午的时候，老温就显得从容很多。因为他是带着老婆和女儿一块到北京打工的，所以他一般不在快递站点吃饭，而是回家吃饭、午休，然后等到下午2点多的时候再到站点上班。

在可能出现延误的时候，快递员就会选择将无法及时派送的快递提前签收，在公司的信息监控系统中完成这些快递的物流过程，

第五章　追系统的人：系统与快递员

尽管实际上物流过程还未完成。

在和王恒星送快递的过程中，每天临近中午 12 点的时候，他一般会检查一下电瓶车内剩下的快递。他会先挑出几件快递，分别给收件人打电话，说来不及派送了，要提前签收一下。之后，他便将所有快递提前打了签收。我问他："提前打签收没事吗？公司不是有罚款吗？"王说："没事，不太熟悉的收件人打电话之后，一般就没问题了。剩下的都是比较熟悉的人，他们（收件人）都习惯了。"

（二）追售后

平台通过数字技术实现了"算法"对工人劳动过程的管理和控制。但是在技术控制的相关研究中，还有许多学者将消费者引入分析框架，指出消费者是算法控制的一个重要环节，工人在劳动过程中面对的是消费者和技术的双重控制。这一结论体现在快递行业中，就是快递员要处理各种各样消费者的各种类型的投诉：有和快递员有关的、有和快递员无关的；有合理的、有无理的……而且这些投诉有时效，超过公司规定的时效会被追加处罚。

在和谢小宝一起送快递的第一天，他就跟我讲述了一件让他特别无语的事情。他那天无缘无故收到一个投诉，站点的客服打电话给他，让他赶紧跟收件人联系。谢小宝打电话过去之后，发现对方是一个大娘，网购了一套衣服，但是卖家少发了一个袖套，大娘就投诉快递员了。谢小宝还得打电话过去跟大娘解释说，这个应该找卖家，不是找快递员。但是大娘不太熟悉系统。"最后，我还得跑到她家里去，帮她把投诉撤销了，然后帮她找淘宝卖家联系补发货的事……折腾了半天。"

除了那些与快递物流无关的投诉，快递员劳动过程中面临的投诉有时候也来自系统。正如上文所述，严密的信息监控系统与快递员具体的工作过程并不严丝合缝，难免会有龃龉。在这种情况下，快递员的最优选择是先应付系统，然后解决快递派送的问题。但这往往又会产生新的问题。比如快递员会被投诉虚假签收问题或投诉虚假完结问题。其中，投诉虚假完结是指收件人投诉的问题并没有解决，但是快递员为了应付系统，在系统中录入了该问题已解决的信息。如表 5.1 所示，因快递员虚假完结导致消费者二次投诉的，A 公司会予以快递员 1 500 元的罚款，其中消费者二次申诉罚款 500 元，虚假完结罚款 1 000 元。

(三) 超越系统

除了追系统，快递员还常常需要超越系统。快递企业通常会通过一系列严密的规章制度和现代化的技术手段来确保快递物流过程的标准化和流程化，但是发件人、收件人的定制化需求又对快递员的劳动过程提出了弹性化的要求。这种弹性化的要求主要体现在两

第五章 追系统的人：系统与快递员

表 5.1 2016 年 7 月 30 日淘宝平台投诉虚假完结处罚汇总（部分）

抽查时间	运单号	被投诉网点名称	被投诉网点所属省	是否是二次申诉	二次申诉处罚金额	是否是虚假完结	虚假完结处罚金额	总计处罚金额	抽查类型
7月30日	88……	新疆乌鲁木齐市	新疆维吾尔自治区	是	500	是	1 000	1 500	未与客户达成一致
7月30日	88……	新疆乌鲁木齐市	新疆维吾尔自治区	是	500	是	1 000	1 500	未与客户达成一致
7月30日	88……	新疆乌鲁木齐市	新疆维吾尔自治区	否	0	是	1 000	1 000	未与客户达成一致
7月30日	70……	新疆乌鲁木齐市	新疆维吾尔自治区	否	0	是	1 000	1 000	未与客户达成一致

个方面：时间的弹性化与服务方式的弹性化。这种弹性化很难体现在系统中，所以快递员不得不尝试超越系统。

现代快递服务是一种"门到门"的物品递送服务。快递企业为了提升物流速度，为物流环节的每个过程都制定了相应的操作时间，连"最后1公里"的递送过程也有相应的时效要求。但是消费者基于自身的工作和生活节奏又对快递员有着各不相同的时间要求。

> 张伟说："明明都是住在同一栋楼里的人，有的人早上9点就开始催着你送；有的人又说白天上班不在家，让我们晚上6点以后再过去送。有的人要求送上门，有的人又让我们放前台或者物业。收件人要求很难协调，快递员只能等收件人在家的时候再次进行派送，这就大大增加了劳动的强度和时间。"小贾说："平时还好，去年'双11'的时候快递量暴涨，哪里还有时间等他们在家的时候送？"最后小贾不得不每天晚上12点从公司出发去送快递，"晚上12点了他们总得在家吧？我就把快递放在他们家门口，他们早上一起来就收到了"。

消费者弹性化的要求有时候不仅仅影响着快递员的工作安排与工作节奏，甚至还会影响到他们的生活节奏。

> 快递员晚上在宿舍休息的时候，片刻的安宁总会被突如其来的电话打破，一般都是收件人来查自己的快递。"他都不管多晚，你是不是在休息，就给你打电话。有的快递已经给他们

第五章　追系统的人：系统与快递员

送过去了，他们也不好好找，晚上想起来了，就突然给你来个电话。这时候我哪里知道他的快递在哪里啊？但是又不能不接，不接就可能被投诉。"

收件人不仅仅对快递的时效有自身的要求，也会对快递服务的方式与服务内容提出要求。而收件人的要求很难穷尽，需要快递员随机应变。

快递员谢小宝负责的区域内有一所公寓叫约瑟芬公寓，这所公寓的快递均放在楼底大厅内的速递易①。一般只要让机器扫一下快递的条形码，机器上就能自动显示快件的收件人及电话，并自动打开一个柜子。撕下快递上的面单，将快递放进柜子，把柜门关上，操作就算完成了。当速递易的操作系统无法识别快递上的条形码时，也可以手动输入快递单号及收件人的电话。

每天将全部的十余个快递放入速递易之后，小宝就蹲在大厅里，对着面单输入收件人的电话，然后群发短信："你好，××快递，你的快递已经放在楼下的速递易了。"

---

① 速递易是一种电子货柜，快递到小区以后，如果小区安有速递易设备，快递员就会把包裹存放在速递易里，设备会自动发一个提取码到收件人的手机上。收件人将提取码输入电子货柜，对应的箱门会打开，收件人就能取到自己的快递，工作原理相当于超市的包裹存储箱。快递员存放快递时需要用自己注册的账号登录，货柜箱分为小、中、大三种规格，快递员需要缴纳的存放费用分别为 0.4 元、0.5 元、0.6 元。速递易会免费存放包裹 48 小时，48 小时以后超过一天加收 1 元保管费。

追系统的人

一天，短信刚发出没多久，就有一名收件人回了一条短信："你为什么不送之前跟我联系？我不在北京，7号才能回来，这中间要产生多少费用？以后再这样我投诉你！"小宝立马给那个人回了电话："等你回来了，你告诉我一声，我给你取出来，重新投一次，你一分钱都不用花。你到了之后给我打电话，或者你把单号发给我，我给你取出来。我取是不花钱的。"挂完电话，小宝一手指着电话，一脸苦笑说："你看，没处说理去，给你送也不行！"

收件人对快递员的要求有些在快递员的服务范围内，而有些则远超出快递员的服务范围。尽管如此，快递员还是要应对好这些要求。

谢小磊说起送快递时的各种经历也是满肚子苦水："真的是什么样的人都有。有一次，我跟一位女士吵架了，她在网上买了两件衣服，但是卖家只给她寄了一件衣服。她收到快递之后就给我打电话，我说，你签收的时候，外包装是好的吧？她说是。我说，那你问问卖家到底给你寄了几件衣服。然后她就联系了卖家，卖家说少寄了一件。然后她就打电话给我，非得让我去跟卖家联系，把那件衣服给她送过去。我说行，你给我买张机票，我去给你取。我说我货给你送到了，你还想怎么样？就为了这件事，她跟我磨蹭了一个多小时。浪费我多少时间？"

第五章 追系统的人：系统与快递员

消费者弹性化的要求使快递员的服务面临着新的挑战，进一步压缩了快递员在劳动过程中的自主性。那么快递员在资本和消费者的双重压力下该如何增加自身对劳动过程的掌控权？

二、听谁的？系统嵌入快递员劳动过程的社会基础

在普通人的观念中，科学管理系统是能够脱离具体劳动者的。一条生产流水线不会因为身处不同的国度而有不同的生产效率，科学就是应该放之四海而皆准，科学管理系统也应该如此。这个观点乍一看并没有什么问题，但一旦和实际情况联系起来，我们就很容易发现它在实际操作中是行不通的。它忽视了人，忽视了活生生的、具体的劳动者，忽视了这些劳动者所处的社会环境和文化。人不是机器，设定好参数之后就能够自行运转。劳动者会因为其所处社会环境和文化不同，而对不同的科学管理系统有不同的接纳程度。所以，改革开放初期，初到中国办厂的外资企业想要将其母国的管理系统照搬到中国时遇到了很大的阻力。而把工厂开到美国俄亥俄州的曹德旺也发现，他在福耀玻璃生产车间的那套半军事化管理策略根本没办法激励美国工人劳动。

所以，在研究系统与工人之间关系的时候，我们还应该如布洛维所说所做的那样，"把具体的工人带回到劳动过程中"，看他们如何学习系统、如何接纳系统、如何与系统共生共存。工人不会像机

器人那样只能对系统的指令做出被动反应。

通过对第一章表1.2快递员职业历程的梳理,我们发现,绝大部分快递员之前的职业在农业和制造业,他们之前没有接触过科学管理系统。对于这些人来说,这套系统意味着什么?他们又是如何接受这套系统的?

这首先要从快递员的雇佣关系说起。雇佣关系是劳动过程的重要组成部分,是分析劳资双方力量对比的一个重要维度。调查发现,加盟商与快递员之间的雇佣关系并非原子化的市场性交换关系,而是嵌在特定的社会关系网络中。这种社会关系网络一部分是原生的,快递员通过这种原生性的社会关系网络进入快递行业;还有一部分社会关系网络是次生的,是快递员在进入快递公司之后,与公司内的其他劳动者、管理者形成的社会关系。李静君在《性别与华南奇迹》中提到,老乡关系网能为外出打工人员提供经济支持与社会支持,而工厂会利用女工的血缘和地缘关系来实行对她们的管控。[1] 周潇对建筑工地的研究发现,包工头等管理者通过生产忠诚、拿捏分寸以及软约束等关系运作策略,一方面在工人中间生产了支持、认同乃至忠诚,另一方面又对不满意进行了约束,即虽然很多时候工人会认识到自己受到了不合理的待遇,心存不满,却因为社会关系网络的束缚而只能忍受或者以温和的方式加以反抗。这样

---

[1] LEE C K. Gender and the South China miracle: two worlds of factory women. Berkeley: University of California Press, 1998.

第五章　追系统的人：系统与快递员

社会关系网络就成了一种有力的控制资源，保证了建筑工地的基本生产秩序，甚至促使工人积极投入对自身的剥削。[①]

由于采取了加盟模式的经营方式，A公司的流程化与标准化要求最终都是由加盟商和业务主管来负责执行。在加盟商试图推行A公司流程化与标准化的要求时，其会受到快递员的社会关系网络（他们自身也包含其中）两个方面的影响：一方面加盟商试图利用社会关系网络规范快递员的劳动过程，另一方面这种社会关系网络本身也是快递员争取劳动过程自主性的一个重要资源。

（一）嵌入性雇佣关系的形成

市场经济是不完善的经济，主要表现为信息不对称（information asymmetry），即信息拥有者的信息是确定的、丰足的，而信息需要者得不到确定的信息，其信息量也是相对贫乏的。社会关系网络能有效地降低劳动力市场中的信息不对称。马克·格兰诺维特（Mark Granovetter）在波士顿郊外牛顿镇对300名白领求职者的研究表明，他们中的57%是通过社会关系网络了解工作信息从而成功地找到新职业的。而且格兰诺维特发现，通过次生性关系得到信息的人往往会流动到一个地位较高、收入较丰的职位，而通过亲属和朋友得到信息的人向上流动的机会则大大减少了。格兰诺维特将这

[①] 周潇．关系霸权：对建筑工地劳动过程的一项田野研究．北京：清华大学，2007．

一现象解释为"弱关系的强度",提出了著名的"弱关系假设"[①]。

格兰诺维特的解释是:强关系是群体内部的纽带,由此获得的信息重复性高;而弱关系是群体之间的纽带,它提供的信息重复性低,充当着信息桥的角色。使用弱关系谋求职业流动的人,正是由于了解到了非重复的更有价值的信息,才获得了向上流动的机会。

但是边燕杰等人在中国的研究却发现了社会关系网络另外的一种作用模式。依据1988年在天津所做的调查研究,边燕杰指出社会关系网络的作用不是传播和收集职业信息,而是待分配的择业者通过人际关系,得到工作分配主管部门和分配决策人的照顾。换言之,社会关系网络不再是信息桥,而是人情网。人情关系的强弱与获得照顾是正相关的:人情关系强,得到照顾的可能性就大;人情关系弱,结果不得而知;没有人情关系,除偶然的机会,不会得到照顾,信息的获得只是人情关系的副产品。边燕杰为此提出了"强关系假设"[②]。

通过对格兰诺维特和边燕杰研究的总结,我们可以发现,社会关系网络的结构连接功能可以分为两个方面:信息可及性和资源可传递性(见图5.1)。弱关系的连接范围更广,因此信息的可及性更高,可以获取劳动力市场上更为多元的信息,但是个人通过弱关系

[①] GRANOVETTER M S. The strength of weak ties. American journal of sociology, 1973, 78 (6): 1360 – 1380.

[②] BIAN Y J. Guanxi and the allocation of urban jobs in China. The China quarterly, 1994, 140 (140): 971 – 999.

第五章 追系统的人：系统与快递员

获取其他帮助和资源的可能性比较低，而且通过弱关系所获得的信息往往很难保证是有效的；强关系虽然仅仅存在于小范围内，但是由于血缘、地缘等"关系"的存在，个人通过强关系不仅能获得有效的信息，而且还能获得自上而下的资源，比如"照顾""带头人"等。

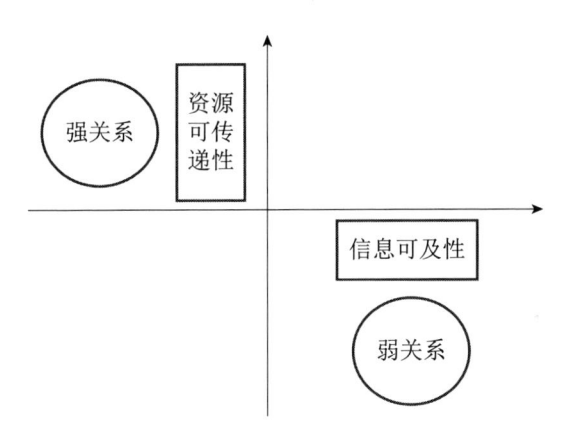

图 5.1 社会关系网络类型及功能

对中国农民工职业流动的研究发现，熟人关系网络是农民工职业流动的重要途径。① 在各行各业，均可以发现特定一个地区的人在一个行业或者产业集中的现象，比如浙江村②、河南村③。在田野调查过程中，也可以清晰地发现这种模式的存在。而熟人关系网络的结构连接功能，既可能是主动的，也可能是被动的。

---

① 周潇. 关系霸权：对建筑工地劳动过程的一项田野研究. 北京：清华大学，2007.
② 王汉生，刘世定，孙立平，等. "浙江村"：中国农民进入城市的一种独特方式. 社会学研究，1997（1）：12.
③ 唐灿，冯小双. "河南村"流动农民的分化. 社会学研究，2000（4）：72-85.

追系统的人

  严小金来自江西，2015年初中刚刚毕业的他就跟家里说不想再念书了，想出门打工。严小金的父亲让他到北京找A1分公司的老板老严。小金说："老严是我小时候认的干爹，我爸和他关系一直都挺好的。我爸说我年纪还小，自己一个人在外面他不放心，就让我过来了。而且我们这里（北京奶西村）江西人很多，葛志鹏（公司的另外一个员工）的爸妈在市场卖猪肉，跟我们家也认识。"

  谢小宝和谢小磊兄弟俩之前跟他们村的一些人在河北保定的一家鞋厂工作。谢小磊干的时间长，一个月能挣6 000元，小宝虽然不如小磊干的时间长，但是一个月也能挣5 000元。2016年春节的时候，他们的表兄弟老杨连着给他们打了好几个电话，说自己想要加盟一个快递分公司，春节过后就开张，急缺人手帮忙。兄弟俩一开始不想来，因为谢小宝之前没干过快递，而谢小磊之前在北京的宅急送短暂地干过几个月，一个月才挣了3 000元不到。但是后来兄弟俩还是来了。谢小磊说："一方面是两家关系太熟了，他爸就是我们的亲舅舅。虽然他们家在承德，我们家在朝阳（辽宁），但是我小的时候就经常去他们家里玩。你看大舅（杨二叔）就是他们村的，我以前就认识。另一方面是他保证我们每个月不低于4 000块钱，所以我们就过来帮忙了。"

  熟人关系网络中，不仅资源的可传递性更强，而且在农民工找

第五章 追系统的人：系统与快递员

工作的过程中，还能在很大程度上保证资源的真实性，为劳动力市场中的农民工提供更多的保障。严小金的父亲正是考虑到了这一点，才让其到 A1 分公司工作。而杨强的例子则从反面说明了这种信息真实性的重要性。

  杨强之前一直在大连送快递，2016 年初从大连辞职，打算到北京送快递，但是直到 2016 年的 5 月份才到 A2 分公司上班。在跟车的过程中，他跟我聊了从 2016 年 2 月底到 5 月发生的事情。他当时在大连谈了一个客户，后来这个客户去了云南。那个客户去了云南之后就时常发微信跟杨强说自己在云南开了个快递公司，让杨强过去帮忙。"他当时说他那边业务很多，忙不过来。我当时来北京也没找到工作，就过去了。"结果杨强一到云南，发现那个客户非但没有跟他谈工作的事情，反而一直在动员他加入一个直销组织。"我当时就知道了，他是搞传销的，为了把我骗过去，才说自己是开快递公司的，后来我就跑了。跑出来之后想着既然来云南了，也不能白来啊，就在云南玩了两个星期才回的北京。"

基于此，我们发现熟人关系网络在快递员的职业流动过程中起着结构连接的桥梁作用。劳动者的社会关系网络不仅仅能够传递信息，关系网络背后的人情关系也是劳动者职业选择的重要影响因素。如严小金，进入快递行业是因为快递分公司的老板老严是父亲的至交好友，也是自己的干爹，所以严父认为涉世未深的严小金在老严的分公司中会得到额外的照顾。而且分公司所在的地区有较多的江西老乡聚集，也能在一定程度上照顾严小金。谢小宝和谢小磊的例子更加说明了他们到老杨的分公司做快递员，除打工挣钱以外，人情关系中"帮忙"的意味也比较浓厚：因为老杨向他们保证的每月至少 4 000 元的工资，相比在河北保定制鞋厂的打工收入少了至少 1 000 元。

（二）嵌入性雇佣关系的"人情感召"

社会关系网络对行动者有一种"人情感召"的功能，使得行动者在决策过程中，对关系的维护本身成为非常重要的考量因素。而且，关系的维护不是基于经济理性人的长远考虑，而是为了践行关系背后的一套以"仁义"为核心的传统伦理观念。一般而言，以血缘、地缘关系为基础的社会关系网络对行动者的人情感召功能较强。由于较大部分的快递员是通过先天社会关系网络进入这份职业的，因此这些先天的社会关系网络对他们的劳动过程和他们对于工作的理解也产生了重要的影响。

由于采用加盟模式的经营管理方式，加盟商在分公司经营管理过程中拥有绝对的权力。他们在经营管理实践中会有意无意地把血缘、地缘等社会关系网络引入公司，形成一种"家庭式"的经营模式。这种社会关系网络通过维持非正式制度影响经济活动，即社会

第五章　追系统的人：系统与快递员

关系网络可以通过非正式制度有效地解决信息不对称问题。[1] 在企业内部，社会关系网络能够产生可实施的信任，从而提高企业治理的效率。可实施的信任指的是群体成员之间的共同责任感，它促进了信任和合作行为。成员之间有责任秉承诚实与其他成员交易和合作，尊重双方的利益和公平地对待对方。在双方共享的强关系的程度上，人际信任是可实施的。强关系网络通过用好名声和地位来嘉奖可信的行为，而用坏名声甚至断交的手段来制裁背叛行为，担当起了第三方实施者。在关注名声和惧怕流言的巨大压力下，可信赖的行为得以产生。[2]

在田野调查过程中可以发现，在分公司尤其是二级加盟公司内部，均有很明显的家庭式经营的特点。加盟商会让一部分家庭成员在公司中担任一些比较重要的职务或者角色。在 A1 分公司，老严的四个兄弟（堂兄弟）均在公司中担任不同的职务：老严排行老二，是最大的股东，大哥负责仓库管理和操作部，三弟负责运输，老四主管财务和客服部，老五负责洽谈业务。在 A2 分公司，餐厅由老杨的父亲负责，副主管谢小磊是老杨的表弟，快递员谢小宝是谢小磊的亲哥哥、老杨的表哥，小贾是老杨在其他分公司当主管时带的徒弟。

二级加盟公司由于规模更小，其雇佣的人员基本与承包商都有

---

[1] 翟学伟. 人情、面子与权力的再生产：情理社会中的社会交换方式. 社会学研究, 2004 (5)：48-57.
[2] 金耀基. 中国社会与文化. 牛津：牛津大学出版社, 1992.

着血缘、地缘关系，如表 5.2 所示。比如张伟和老孙，张伟说："我老家是河北保定的，跟老孙是同一个村子。我刚开始承包的时候老孙就来给我干了，这都七八年了。"再比如，赵小二年纪小，一脸稚气又充满了活力，在仓库的时候他总是上蹿下跳，一会逗逗老孙，一会又要挑衅一下杨强。他说，初中毕业之后他在家玩了一年，觉得没意思了，就想出来打工。他的堂哥赵登义刚好在北京干快递，他父母就让他来北京找堂哥。赵小二说："我都不拿工资的。"我问他怎么会没有工资，他说："我每个月工资 4 000 元，都不给我，年底回家的时候拿给我妈。"

表 5.2　A2 分公司承包商雇员情况

承包商	员工数	员工	与承包商的关系
张伟	1	老孙	河北保定同乡
赵登义	1	赵小二	堂兄弟
任大伟	4	任爸	父子
		任妈	母子
		张东文	河南濮阳同乡
		张翔	河南濮阳同乡

家庭式的经营管理方式将一套社会关系网络引入了工厂的管理实践，而这套社会关系网络背后是中国传统社会的伦理观念，因此二级加盟公司与快递员在市场关系之外，还有一层伦理关系，这种关系会影响他们的行动。伦理关系，即情谊关系，亦即相互间的一

第五章　追系统的人：系统与快递员

种义务关系。每一个人对于其四面八方的伦理关系，各负有相应的义务；同时，其四面八方与他有伦理关系之人，亦各对他负有义务。①

快递员具有较高的流动性。《全国社会化电商物流从业人员研究报告》显示，近一半的站点工作人员工作年限在1年以下，站点人员的流动性较强。在田野调查的过程中，我也发现，快递员群体是一个流动性较高的群体。在跟他们聊天的过程中，他们经常会提到一些陌生的人名，一经追问才发现是已经离职的快递员。但是在加盟分公司中，家庭式的经营模式能保留住一部分核心员工，这部分核心员工的主要组成部分就是通过加盟商的血缘、地缘关系进入公司的员工。这部分人在公司的经营过程中发挥着举足轻重的作用，由于受到非正式的社会关系网络的约束，他们常常需要付出更多的无酬劳动，具体如下。

第一，衔接工作。由于快递员与加盟分公司之间很少签订正式的劳动合同，因此快递员离职存在一定程度的突然性和随意性。但是快递的派送工作不会随着个别快递员的离职而停止。因此，在员工离职之后，核心员工就要负责衔接。一方面他们会接替离职员工原本的工作，这无疑在很大程度上增加了他们的工作负担；另外一方面在招募到新员工之后，他们还需要负责培训新员工。

---

① 翟学伟. 中国人际关系的特质：本土的概念及其模式. 社会学研究，1993（4）：74-83.

追系统的人

王恒星对我说:"以前公司有个'老员工'(在公司干了8个月),跟我一批进来的,叫景图图。他干活十分卖力,但是'手脚不干净'。有一次偷了一台 iPhone 6s,可是仓库里都有监控,老杨就知道了。但是老杨挺喜欢他的,也没当面拆穿他,就让我和老温去跟他说,让他把手机再悄悄地还回去。后来他确实也还了,但是可能是心理作用,就是觉得在公司待着不舒服。有一天早上,他从公司拉完货出来之后,把车往宿舍楼底下一扔,到宿舍收拾好东西就走了,连那个月的工资都不要了。"

谢小磊说,大海离职主要是因为他在和主管王伟光打闹的时候玩"急眼"了,两个人打了起来。王伟光膀大腰圆,把大海胖揍了一顿,第二天大海就辞职了。

快递员可以说走就走,每天的快递却不会停,总部对快递的时效要求也不可能做出相应调整。这时候就需要核心员工来接替离职的快递员完成他们的工作。新入职的员工一般也由他们进行培训,称为"带徒弟"。

小贾说,自己原本只负责送××南路1号院,但是,"大海走了以后,他负责的地方就没人送了。结果他的地盘就被一分为二,东海国际(化名)、81号院给了谢小磊,45号院和47号院给了我。47号院我送不过来,有时候我就把这个小区的快递都往小区的那个小卖部放。我跟老板说,这1块钱我不挣

138

第五章　追系统的人：系统与快递员

了，给你挣，快递都放你这里，你给他们打电话让他们来你这里取。"

谢小磊说，由于他原先在宅急送工作过一段时间，有一定的经验，所以他刚到公司的时候，表哥老杨就让他当了公司的副主管。"后来，公司在天庭庄园（化名）那里开了一个门店，老杨就把我派过去了。再后来，大海走了，他负责的区域是东海国际和81号院、45号院、47号院。老杨把东海国际和81号院给我送，把45号院、47号院给小贾送。"临近"双11"的时候，公司新来了两名员工，其中一个跟着谢小磊，但是干了不到一周就走了。谢小磊说："那人干不了快递，反应有点迟钝，手脚特别慢。我让他单独送过几个地方，但是都不放心！"谢小磊在公司里带过不少人，"老温是我带的，大海也是我带的。还有，你看见过，前两天老杨他们村来的那个杨大舅也是我带的"。在被问及一般带徒弟需要带多久时，谢小磊说："老温手快，一周就差不多了。但是一般也得两周吧，他熟悉地方就得一段时间。"

第二，人情法则，黏性用工。基于血缘、地缘等关系进入公司的员工相对其他员工也有较强的稳定性。在合同关系之外，往往还存在着一套人情法则来约束双方的行为，而且这套人情法则的约束力要远远超过合同的约束力。老温说过："我们是跟老杨签了一个劳动合同，但那没什么用，基本就是一张废纸。"

追系统的人

谢小宝去年和弟弟在河北保定的一家制鞋厂工作,据他说,那里有好多鞋厂,他们屯里好多人都在那里干活,厂里管吃管住,一个月给他开5 000元的工资;他弟弟干得久一点,开6 000元的工资。每天早上7点半起床,8点开始上班,晚上五六点就下班了;到年底的时候会忙一点,可能要加班到晚上10点。但是小宝觉得,"那也比干快递好啊,我干快递每天都到晚上10点才下班,早上还得6点半就起床"。

问:"那你和你弟弟为什么不在那个鞋厂干了,跑这里来干快递?"

答:"老杨不是我表弟吗?是娘舅亲啊,他爸爸是我三舅。"

原来今年年初,谢小宝还是打算和弟弟到保定的鞋厂打工的,但是老杨承包了分公司之后,急需快递员,就给他们哥俩打电话,让他们别去保定了,来给他干。谢小宝说:"在哪干不是干啊,我们就寻思着先给他干一年。"

但是到了这里之后,工资是按派件量走的,每个月派件量在3 500件左右,收件提成不到1 000元。小宝和弟弟的收入比原来直接少了1 000多元,支出还多了不少,"毕竟北京消费高"。所以干到8月份,小宝的弟弟小磊就不想干了。"那天小磊跟老杨吵起来了。现在挣得还没以前多,搁谁也不乐意。对吧?"

后来小磊说什么也不干了。小宝跟他说:"你不能这么干,

第五章　追系统的人：系统与快递员

毕竟是亲戚。不管怎么样，咱们先给他干完这一年再说。咱们现在要是不干了，妈肯定要说咱们。舅舅也会跟妈说，你看你家那孩子，现在正缺人呢，怎么走了啊？"要是现在不缺人，我俩可以随时走。但是家里亲戚一多，（大家）一说，那肯定是我俩的事（过错），是吧？我就说："你别说给我钱，就是不给我钱，我也干。"就这样，小宝把小磊劝下来了。他说："就算现在我们有理，只要我们一走，肯定变成我们没理了。"

我问小宝："那老杨欠你们哥俩一个不小的人情啊。"小宝说："反正不管怎么样吧，他也知道我们去年在鞋厂是干什么的。我要是想干快递，在我们市里干，一个月也开3 000多块钱，那消费多低啊，还在家里呢，守着媳妇和儿子。大老远跑北京挣4 000块钱我也不值当啊。是吧？"

当我问小宝明年怎么做打算的时候，小宝说："明年还不知道咋说呢。要是还像这么干，那我们可就回家了。给我个承包区还可以。"

但是小宝还说："要不是亲戚，我老早就不干了。但是你看，要是前几年，刚娶媳妇那一阵，就算是亲戚我也得走。这3 000块钱都供不上我们家花呢，媳妇儿子都养不起。就算是亲戚也不行啊！你一回家，媳妇孩子要钱，你没钱，那咋整啊？只是前几年我挣了点钱，现在也花不了什么钱，手里有点积蓄。"

追系统的人

老温和老杨至少还与其他快递员签了劳动合同，而谢小宝和谢小磊连合同都没有。但是他们受到的约束可能比正式的劳动合同更多，因为他们不能把这份工作的收入和其他工作的收入做直接比较，然后选择收入更高的工作；工作不顺心的时候也很难撂挑子，说不干就不干。这是因为他们之间不仅受到劳动关系的约束，更受到人情关系的约束，或者说他们之间的关系是包裹着劳动关系的人情关系，人情关系是核心。这种人情关系虽然是非正式的，有时候却比劳动关系这种法律关系更具约束力。

第三，额外劳动。资本希望通过对劳动过程的控制使工人付出更多的劳动，工人也会采用各种方式来对抗资本的企图。[①] 但是资本通过嵌套的人情关系网络，同样可以驱动工人付出更多的劳动。加盟商与快递员不仅仅是雇佣与被雇佣的市场关系，还有着"打断骨头连着筋"的血缘关系。因此在加盟商的经营出现危机与困难的时候，快递员会认为自己有义务挺身而出，付出额外的劳动。

在"双11"的第三天早晨6点，我起床工作的时候发现小磊和小宝已经对一整车的快递做好了下车扫描。我问小磊："这车货是几点到的？"他回答："昨天夜里2点。"我问："那你们几点起来做的下车？"小磊说："我是2点半的时候起来的，我哥是4点多快5点的时候起来的。"我说："那你从昨天

[①] 周潇. 关系霸权：对建筑工地劳动过程的一项田野研究. 北京：清华大学，2007.

第五章 追系统的人：系统与快递员

到现在就睡了两个小时啊？"小磊说："那也没办法啊，不然没人干啊！"

对于这种关系网络所带来的人情伦理，快递员虽然有怨言，但是更多的时候选择隐忍以维护关系本身，或者是通过非冲突的方式来表达不满，这样就避免了加盟商与快递员之间的直接冲突。

在一次聊天中，谢小磊说："哎，给亲戚做事真的不好做。你做多了，都是你应该的，他们都看不见。你哪里没做好，做错了，那就是你的错。人家永远只看到你做错了什么，看不到你做了什么。"

严小金到 A1 分公司之后，老严把一块没人愿意去的小区派给了严小金。为什么没有人愿意送，冀旭金说："那块地区都是小区，而且都是六层楼的小区，没有电梯，得爬楼。我们一天 100 多个件，晚上 6 点多就能回公司了，严小金一天 80 多个件，晚上 9 点了还不一定能回公司。"后来老严把严小金的片区分出去了一部分。冀旭金说："因为严小金后来生气了，把电瓶车摔了，开着车就往护栏上撞，我们都知道，哈哈哈，后来老严就调整了一下他的区域。"

加盟分公司的负责人可以通过他们与快递员之间的社会关系网络、快递员与快递员之间的社会关系网络来影响快递员的劳动过程。影响的机制包括社会化与人情感召。这使得快递员在劳动过程中一定程度上接受并内化了公司的要求、增加了用工的黏性，快递员的流动也减少了，并愿意付出更多额外的努力。但是社会关系网络是双向的，人情关系的作用也是双向的，这套社会关系网络对雇主也可以产生同等的约束力，为相对弱势的快递员提供家长式的庇护。

已有的研究发现，社会关系网络也为管理者的权力设置了边界，从而避免了工人遭受"血汗工厂"那种严密的控制和非人的对待。不仅如此，工人之间的社会关系网络成了彼此庇护的一种屏障以及团结起来抗争的基础。此外，社会关系网络背后的人情伦理也对资本与管理者有一定的社会期待，为工人提供一定程度的庇护。当资本与管理者违背这种社会期待时，会明显感觉到社会压力。

老孙和张伟的父亲是同村人。张伟刚开始承包的时候，知道同村的老孙在北京的工地打工，就打电话把他叫过来帮忙。一天下午，我在跟着张伟送快递的时候，张伟开始向我抱怨：

"你看看这老孙，昨天又给我闯祸了。昨天下午我偷了一下懒，让他帮我去公司拉快递过来。他路上把一辆福特给撞了。老孙也是倔，撞了没钱赔给人家，也不给我打电话。我后来一看时间，觉得不对啊，就赶紧给他打电话。他支支吾吾了半天才说把人家的车给撞了。我给对方打电话，对方开口就要5 000块钱。没办法啊，我只能过去了。"

张伟到了之后发现，老孙由于闯红灯把别人汽车的前挡盖给刮坏了。"我当时身上就500块钱，是留着买面单的。多方

第五章　追系统的人：系统与快递员

商量之后，他们同意赔 800 块钱了事。我说：'大哥我身上就 500 块钱了，多了真的没有了。我先把这 500 块钱给您，您先让我走，这车里的件还着急送呢，今天送不出去又有罚款。剩下的 300 块钱我月底之前给您。'"张伟说，他当时身上真的只有 500 元，但是剩下的 300 元确实是没想着还的，"赖着赖着，说不定就给你赖过去了呢？老孙倒好，他说他身上有 300 块钱，就把钱给人家了。那哪里是他的钱，那是他收的发货费，那是要交给老杨的。哎哎哎，你说这老孙！让我说点啥好！"

张伟还说了老孙身上诸多的毛病，说老孙送件慢，老是有投诉。以前发货量大的时候，每个月的罚款将近 6 000～7 000 元，今年好一点，但到现在他的罚款也有 8 000 多元了。当我问张伟为什么老孙干了这么多年还送得慢、投诉多的时候，张伟说："他老是去串件。收个大件，就到处转，从中间吃差价。"

我问："老孙身上这么多毛病，你怎么不换个人？"

张伟说："你说，他都跟了我这么多年了，我能主动提吗？我女朋友也跟我说了，看老孙现在这个样子，要力气没力气，要手艺没手艺，除了干快递，还能干啥？"

今年中秋的时候，张伟和老孙一起吃晚饭，两瓶啤酒下肚，老孙跟张伟说不想干了。张伟说："老孙，你这是什么意思，眼看这都'双 11'了，节骨眼上你跟我说不干了？"

老孙沉默了一会，说："你就当我什么也没说吧。"

张伟："好歹你也给我干到年底吧，明年的话，你愿意来就来，不愿意来的话，我也不勉强你了。"

老孙："你就当我什么也没说吧。"

初到快递站点的时候，我对站点中的这种劳动关系充满了困惑，当时最突出的一个感觉就是混沌、不清楚。没有合同的约束，劳资双方的权责完全不清晰，甚至有些快递员连自己每个月能拿到多少钱都不清楚。但是现实情况是，我们很难用现代法律体系去拆解这种劳动关系，越是想要拆解，就越是治丝益棼。这是因为，许多快递员和加盟商之间的关系是一种水乳交融的人情关系，你中有我，我中又有你。想要在这种关系中明确双方的权利义务从一开始就是不可能的，老板和员工之间的"账"可能要从孩童时期算起，根本算不清楚。所以，在这种情况下，双方的行动逻辑都不是可丁可卯的法律条文，而是人情法则。人情法则的感召力有时候比法律条文更有效果。快递员有把老板的事当成自己的事的责任感，从而会为此付出更多的劳动；老板也不能简单地把快递员当成从劳动力市场中雇佣来的员工，想辞退就辞退。

当然，这种人情关系网络也并不一定都是"温情"的，当这种人情关系破裂时，在利益的分歧之外，往往还有道义上的相互指责，这会使得行动者之间的矛盾和冲突更加激烈。

（三）嵌入性雇佣关系与工人的系统适应

快递员对快递信息监管系统的适应过程是其再社会化的一个重

第五章　追系统的人：系统与快递员

要部分。快递员的再社会化过程是指在进入快递行业之前，或者是进入行业之后，他所处的社会关系网络使其认同快递员的工作价值和工作方式。这种社会关系网络既包括血缘、地缘、业缘关系组成的强关系，也包括一般性的弱关系。系统适应的过程是在平凡的日常生活互动中实现的，适应的内容包括系统操作、时效观念和服务意识等。

在 A1 分公司和 A2 分公司，新来的快递员一般由一名老快递员进行培训，俗称"带徒弟"。老杨向我介绍的带徒弟的主要内容包括让新员工熟悉系统操作、快递派送区域和派送流程。熟悉系统操作是第一步。快递从分拣中心到末端网点之后，还需要经过若干流程，包括到车扫描、下车扫描、拆包扫描、分拣、派件扫描、签收录入等。漏掉其中的任何一个环节，后面的环节都没办法进行，就算快递派送到了收件人手中，在系统中，这个快递还是显示"在运输过程中"。所以，师父带徒弟时的第一件事情，就是帮助他们熟悉物流系统的操作。熟悉的内容除了上述的物流过程，还包括客户投诉、问题件、丢失件等问题的应对和处理，这些问题都需要在公司的监控系统中进行相应的操作。熟悉系统操作之后就是熟悉派送区域和派送流程。

从熟悉系统到熟悉派送区域和派送流程一般不需要超过一个星期，但老杨和小磊等经验丰富的快递员都坚持认为带徒弟的时间不能少于半个月。

追系统的人

"最好是有一个月时间让他们去适应。"小磊说,"带徒弟不能着急,不能一开始就让他们去送。得让他们跟着、看着,不然肯定带不出来,不到两周就跑了。"

这是因为除了适应系统的操作流程和要求外,快递员还要适应系统所要求的时效观念和服务理念。与传统的工厂劳动不同,随着现代服务业的出现,资本对工人的控制进入了情感领域。服务行业需要使自己的情感也商品化,为消费者营造良好的消费体验。快递作为一种新兴的、个性化的服务行业,对快递员也提出了较高的服务要求。刚刚从农村来到城市的农民,与经过严格训练的空姐或者刚从现代化学校毕业的学生不同。在适应服务行业的工作、对自己进行情绪管理的过程中,他们所处的社会关系网络发挥着重要的功能。

临近"双11",为了防止激增的快递爆仓,A2分公司老杨的父亲杨叔请了两个人来公司帮忙:一个是他以前的战友,姓杨,在此称为杨二叔;还有一个是同乡,也姓杨,称为杨三叔。据杨三叔说:"我家和老杨家就在一个村里,距离不到二里地。国庆节的时候老杨不是回家了吗?我就上他们家喝酒。老杨跟我说'双11'公司缺人,让我过来帮忙,我就答应了。"年近五十的杨三叔之前都在工地干活,后来年纪有点大了,就回家了。"在村里帮人装光伏电站,家庭式的小型发电站,发好了电之后就卖给国家。"但是杨三叔来的第二天就开始后悔

第五章　追系统的人：系统与快递员

了。第二天中午，他回到公司到处跟人说："我今天就送了40多个快递，爬了200多层楼！这干着有啥意思啊?!"第三天下午的时候，杨三叔跟我抱怨："服务行业不好干，人说啥你得听着。你去送快递吧，敲门声小了人家听不见；声大了，人家又要说你为什么敲那么大声。"然后他又跟我说起了昨天送40多个快递、爬200多层楼的故事："干这活太累了，比工地还累。太低三下四了，付出和回报不成正比。我今天晚上回去就跟老杨说我不干了，我身体受不了。"

通过田野调查，我们发现之所以"带徒弟"的时间不能少于半个月，除了熟悉工作流程以外，更重要的是经验丰富的老快递员说的"跟着、看着"的过程。因为这个"跟着、看着"的过程是为了让新入行的快递员熟悉现代化的服务方式，熟悉送快递过程中的说话方式以及与客户发生矛盾时的处理方式。

谢小磊来到公司之后一共带过三个徒弟。在谈及带徒弟的经验时，小磊说："其实没什么东西，就是你送的时候，让他们在旁边跟着。刚开始送肯定有些不习惯，让他去送小区还好，要是让他去送大厦、送公司，有的人就会有点怵。你想想，一进公司，原本那些窝在办公室的小格子里的人都齐刷刷地抬起头来看你，你会不会有点不好意思？但是有个人带着就不一样了，你进去之后，他跟在你后面，时间长了他也就习惯了。"另外的一个重要方面是学习一套与客户打交道的技巧。

小磊说:"有的时候,客户打电话说着急要快递,让你提前送。你不能直接跟他说:'我现在不给你送。'你得绕个弯,说你现在还在公司、还没出发等。还有就是如果有人说自己的快递找不到了,打电话问你,你跟他急眼的话,到最后不仅要吃投诉,还得赔钱。你要是好好跟他解释,态度好一点,最后说不定也没什么事,人家也不一定会让你赔。"

那么,对于那些与雇主没有血缘、地缘关系的员工,加盟商又该如何管理呢?

不论在 A1 分公司还是 A2 分公司,快递员都称呼公司的雇主为"老大";而在与雇主谈及所雇佣的快递员时,雇主也经常称快递员为"我的这一帮兄弟",而不是"我的工人"。虽然两家分公司都在北京,但是经我证实,两家分公司的老板老严和老杨之前并不认识。但是为什么两个分公司的快递员都称他们的雇主为"老大",而不是"老板"或者是"经理"?在对老板的访谈中,他们说这个称呼并不是他们的独创。在他们开始加盟分公司之前,作为快递员或者二级承包商的时候,他们也称雇主为"老大",所以,他们只是将这种习惯沿用了下来。

对于那些通过劳动力市场进入公司的快递员而言,雇主和他们以"老大""兄弟"相称,会使得在传统的劳动雇佣关系之外,又增添了一层拟血缘关系,也可以称为义缘关系。这样的关系可以把外部的社会关系内部化,把劳动雇佣关系拟血缘化,把外部社会关

第五章　追系统的人：系统与快递员

系中的利益交换与谈判机制，转化为血缘关系内部的人情与道义。虽然这样的拟血缘关系不可能达到血缘关系那样的强制力，但是对于一部分快递员而言，这样的拟血缘关系对他们的意义要远远超过工作对于他们的意义。

小贾，1987年生，河北唐山人。今年6月，小贾还在X分公司送快递。一天，公司里的一个朋友在玩小贾的仿真气枪时把老板面包车的玻璃打碎了，老板当时不在公司，小贾也就没跟老板说。当天晚上，老板不仅把枪没收了，还把小贾训斥了一顿。小贾一气之下就辞职回家了。小贾说，其实之前自己和老板关系不错，但老板当时说了一句话："你说，你的枪把我车的玻璃都打碎了，你都没告诉我一声，这合适吗？"

小贾说，自己到家了之后天天睡觉、赌钱。同乡的一个哥们知道小贾之前在北京送快递，就来问小贾："快递好干吗？能不能挣钱？"

小贾说："好干啊！"

小贾的朋友说："我想干快递，你能不能给我介绍个地方？"

这时，小贾想到了自己的师父老杨，他刚开始干快递的时候就是由老杨带。小贾说："我一直都是老杨带的。"老杨之前一直在X分公司当主管，今年年初独立承包了一个片区——A2分公司。小贾打了个电话，把朋友介绍给了老杨。后来，小贾也被朋友拉到北京来了。小贾说："那时候是陪着他来的，他说自己干不习惯,让我过来陪着他干。我每天就在公司跟老杨玩。"但是小贾的朋友干了不到一个星期就走了,没办法,小贾只能接手继续干。"没办法啊,你说,我不干能行吗?老杨跟我说现在公司很缺人,我能走吗?"连行李都没多带的小贾就这样在公司留了下来。"我当时想着来两天就回去了,冬天的衣服都没带,你看这天冷的,我还得赶紧去买棉衣!"我问小贾:"那老杨跟你谈过工资吗?"小贾说:"从来没谈过,我从8月份到现在(11月),他也没发过我工资。"但是小贾说他一点儿都不担心老杨会不给他发工资。

此外,资本通过这种拟血缘关系也可以推动快递员对于工作要求和标准的接受度,这是出于拟血缘关系而产生的"道义"与"责任"。

刚开始送快递的时候,老温很不习惯。其中的一个重要原因是,快递是一个服务行业,特别重视服务的质量。老温说:"我们那时候哪里有这种服务意识,人家顺丰是直营的,他们的新员工到公司后都进行培训。我们来了之后,老板就问了一些基本情况:以前干什么的啊?能不能干啊?你说能,老板就让你试试。"但是老温干快递的第一个月就被投诉了9次,被罚款1700多元。不是快递没送到,而是服务出现了问题。比如有一次,老温把一个收件人的快递放在了公司的前台,但是那个人找不到件,就给老温打电话:

第五章　追系统的人：系统与快递员

"喂，你把我的件放哪里了？"

"放前台了啊。"

"前台哪里啊？我没看到。"

"就在前台旁边的那棵树底下，你好好找找。"

"没有啊，你到底放哪里了，你来给我找。"

"我没有时间给你找。"

在这么一来二去之间，老温生气了，跟人吵了起来，最后免不了要吃投诉。A公司对于投诉的惩罚非常重，根据投诉类型的不同，罚款金额在200～5 000元不等，对分公司的罚款更高。所以，老温被投诉之后，老杨就找到老温，让老温去向客户道歉，劝客户撤销投诉。老温说："刚开始的时候我很不愿意，老杨就会在电话里先跟客户道歉，说这是新员工，刚来的，什么都不懂。然后老杨让我上门道歉，老杨说：'你出来是为了啥啊？不就是挣钱吗？你跟他争个啥劲啊？快递是服务行业，你服务不好，人家谁选你发快递啊？人家不发快递，我们吃啥啊？'"

不仅如此，据老温说，被罚的1 700元（公司罚款）中，老杨实际上只让老温承担了900元，另外的800元老杨帮老温承担了。

后来，老温慢慢地就不跟收件人吵架了。"后来遇到这种事的时候，我就把电话挂了，等双方的火气都降下去，再心平气和地打电话。你何必跟他吵呢？就算你吵赢了，牛气了，事后不还是得去道歉？都是出来挣钱的，不是出来置气的。而且人家老杨开公司也是为了挣钱，你天天被投诉，他也天天跟着你到处道歉，还得跟着你赔钱，这样也不合适。你说是不是？"

通过访谈，我们发现老杨在老温接受系统管控、认同服务要求的过程中起到了重要的作用。首先，老杨通过突出、强化工作的目的——挣钱而不是置气——说服了老温在送快递的过程中管理自身情绪、避免与客户发生冲突。其次，老杨和老温的这种拟血缘关系使得老杨对老温的"劝说与教育"产生了效果，因为只有在社会关系的基础上，老杨的话才会获得一定程度的"合法性"。比如，老杨主动为老温承担了一部分罚款，这是一种"大哥"对手下"兄弟"的照顾，老杨对老温说的话会被老温认为是公正的，是真心为老温考虑，而不只是为了自己的利益。最后，老杨和老温的这种拟血缘关系还使得老温在劳动过程中背负了道义上的责任，进一步使老温在劳动过程中愿意遵守公司的规定："老杨也是出来挣钱的，不能因为你的过错使得老板跟着你一起承担责任。"因为这样是"不合适的"，是不"仗义"的。

第六章

追系统的人:快递员的劳动过程

第六章　追系统的人：快递员的劳动过程

在系统的严密监控下，快递员在社区中的社会关系网络使得他们在派送快递的过程中，既能满足公司管理系统对于产品流程化与标准化的要求，又能满足消费者对于产品个性化的需求。而他们与加盟商、管理者之间的社会关系网络一方面使他们内化了公司的管理要求，自觉付出更多的劳动；另一方面又约束了加盟商的管理能力，使得快递员获得了一定程度的庇护和权益。

快递员是"追系统的人"，"追"字同时体现了快递员劳动过程中的主动与被动。一方面，他们是被系统"追"的人，需要满足系统对于他们快递派送过程的各个环节的要求。另一方面，他们又是"追"系统的人，在具体的劳动实践过程中，他们会积极利用外部的各种社会环境。他们的社会关系网络和外部的各种社会环境因素一起形塑了他们的劳动过程，也为他们对抗系统的管控、获得劳动过程的自主性提供了资源。不仅如此，在进入社区进行快递派送的过程中，还必须考虑到社区的制约与管理对他们劳动的影响。在诸多限制下，快递员并不是消极、被动地应对工作中遇到的问题，相反，他们是积极的行动者，会积极地利用这些限制，借力打力，用一种新的矛盾来化解旧的矛盾，用一些对自己有利的矛盾来规避一些使自己处于不利地位的矛盾。

追系统的人

一、收件人的"守门员"与门外的"江湖"

作为城市中的外来人，快递员与收件人素未谋面，素不相识。但是通过长时间的接触，快递员成了城市居民"最熟悉的陌生人"。不仅如此，在日常送件与收件的互动之中，快递员也与社区中的一部分人建立起了新的社会关系，这部分人包括一部分收件人、小区的保安、其他公司的快递员等。这些新型的社会关系具有如下特点。

首先，这种关系是较为疏远的。老温说："很多人都是点头之交，我不知道他们从哪里来，他们也不知道我的名字，都叫我 A（快递公司名称）。"

其次，这套疏远的社会关系背后遵循的是一套乡土社会的"熟人"关系法则，即快递员试图在一个陌生的社区中"营造"一个自己相对熟悉的社会环境。在实际的田野调查过程中，老温说了一句耐人寻味的话："送快递不是把快递放在那里就可以了，那样的话谁都能送。"根据我的观察，许多快递员对自己所负责的区域抱着一种"经营"的心态，而不是一种"工作"的心态。所谓"工作"的心态，即老温说的，"把快递放在那里"，任务完成了就可以回公司休息。而抱着"经营"的心态时，快递员会有意识地投入一定的时间、精力、金钱到自己所负责的区域，从而在一个陌生的社区中

第六章　追系统的人：快递员的劳动过程

营造一个近似于"熟人"社区的工作环境，发展出一套社会关系网络。这套社会关系网络能帮助他们在流程化与标准化的双重压力之下增强劳动过程的自主性程度。在我对快递员进行访谈的过程中，当问及他们"送快递时最重要的事情是什么"时，谢小宝告诉我"最重要的就是和保安、前台搞好关系"；任大伟则认为"和这些人处好。处好了什么都好，处不好，什么问题都出来了"。

（一）收件人的"守门员"

对于快递员的工作来说，他们派送区域内的保安及公司前台的工作人员在他们进入社区的过程中扮演着"守门员"的角色。这些在我们日常生活中有时甚至被视而不见的工作人员，却是快递员在工作中需要"攻克"的第一个"关卡"。快递员之所以需要通过各种方式处理好与这些"守门员"的关系，有如下几项原因。

首先，方便出入各个社区。现代城市社区总是通过门禁等各种安保措施来防止社区成员以外的人员进入。作为外来打工群体的快递员也只有得到保安、前台的许可，才能进入社区。

在跟着快递员送快递的第一天，张一瑞就跟我说："得跟小区的保安搞好关系。我送的那个地中海（化名）小区是一个高档小区，保安不给我开门的话，我根本没法送。"谢小宝也跟我说："跟那些保安、前台处好关系太重要了。如果他们需要发件，我都先免费给他们发一两个。后面他们再发件，我也

追系统的人

都只收他们 8 块钱。"

虽然与门卫、前台处理好关系的正向激励不明显，但是如果与他们的关系不好，激化了矛盾，后果就会很严重，甚至可能直接导致快递员的工作无法开展。在 A1 分公司调查期间，我正好遇见了一名工人前来应聘快递员。公司主管赵平安向他介绍了公司目前还缺人的几个区域，当介绍到 X 区域时，赵平安说："这个区挺好的，有小区也有大厦，但是就是在罗马（化名）小区。之前送快递的那个小子把人家保安得罪了，跟人家吵了一架。现在这个小区所有的快递车都让进，就是 A 公司的快递车不让进。你要送快递，行，自己拎着麻袋送去吧……"

其次，一些"守门员"可以协助快递员完成他们的一部分工作，提高快递员的工作效率。快递员在派送快递的过程中最常遇到的事情就是收件人不在家。这种情况下，贸然将快递放在门口要承担丢失赔偿的责任；致电收件人约定好时间再次上门送快递不仅浪费时间，而且时间一般不太好统一。这时许多快递员会选择将快递放在保安处或者公司前台，但是保安或者公司前台的工作人员并非都愿意给他们提供这种便利。

在紫金大厦送快递的时候，经常能看见有的公司前台张贴着用大红笔写的"前台不代收快递"。前台工作人员的解释是："快递太多了，摆得到处都是，影响公司形象，所以不让摆。"

第六章　追系统的人：快递员的劳动过程

而且，我们代收快递也是吃力不讨好，要是代收的快递丢了，我们也挺麻烦的。"在这种情况下，老温只能挨个给收件人打电话，让他们到公司前台取快递。

但是有一部分快递员能享受例外的"特权"。我跟谢小宝一起送快递时正好赶上国庆长假，在××南路1号院的一户人家待收的快递是20袋大米，每袋有2.5千克重。早晨派件的时候，谢小宝就说："这家人可千万在家啊，不然我这50千克大米拉过去再拉回来，电瓶车就没电了。"打过电话之后，小宝跟我说："你看！怕啥来啥，家里没人，都出去旅游了。得8号才回来。"但是在装车的时候，小宝还是把一袋袋的大米往电瓶车里搬，我有点不解："不是说不在家吗？你怎么还往车上搬？"小宝说："看看能不能放他们楼下的门卫那里。不然这20袋大米放在公司太占地方了。"到了收件人家楼下的时候，小宝进入门卫室，十分客气地说："你好，你们家楼上有一位住户买了一些东西，现在人不在家，他问能不能先寄放在你们这里，等他8号回来再取。"门卫室的工作人员大手一挥："放吧，放在那个角落。"于是，我和小宝开始往门卫室里搬大米。出来之后，我感慨道："这门卫人还挺好的，还让放，要是不让放就麻烦了。"小宝说："能不好吗？他们之前发了两个快递，我都没收他们钱。"

在和谢小磊一起送快递的过程中，也遇到过前台工作人员帮忙解决问题的案例。东海国际大厦20层有两家公司，各有

追系统的人

一名前台工作人员,但是共用一个工作前台。小磊每天到20层之后,就把麻袋往前台的边上一放,然后拿出快递念名字。念完名字,前台的两名工作人员就会帮忙"认领":"这个是我们公司的,这不是我们公司的,是他们那边的……"

然而,那天有一个人给谢小磊打电话,说自己就是东海国际20层的,当天收到了谢小磊的短信,但是在前台没有发现自己的快递。谢小磊跟我说:"这个人叫赵×,我有印象啊,两件快递,其中一件是一双鞋,我记得。我明天去看看。"第二天到了公司前台,小磊和收件人赵×取得了联系。其中的一名前台工作人员M1看到了,问怎么了,小磊就把事情经过大致说了一遍。听完之后M1说了句"你等会儿",转头进了公司的办公区,过了不一会儿抱着两件快递出来了。"我们公司也有一个叫赵×的,她拆开之后发现不是自己的快递,就放在一边了。"

从20层出来的时候,我跟小磊说:"还好有这两个人帮忙,不然上哪找这两个件去?"

小磊说:"可不嘛!你说,咱都给她放在前台了。别人拿走了,她还是找咱们啊。要是丢了,不还得再赔个一二百?"

为了确保这些城市社区中的"守门员"会给自己提供便利,快递员需要通过各种方式与这部分人建立起一种熟人关系,用快递员的话说就是"你得跟他们混熟了"。这种熟人关系的建立并不在一

第六章 追系统的人：快递员的劳动过程

朝一夕之间，而是要通过平时的互动慢慢"处"出来，需要快递员投入情感和时间。

在田野调查过程中，快递员提出了几条与门卫或者公司的前台"混熟"的办法。最重要的就是时不时去跟他们"唠一唠"（聊天）。在跟着王恒星送快递的过程中，我发现他在小区的门卫或者公司前台放完快递之后，并不着急送下一家，而是会跟保安或者是前台聊一会儿。有一次给一家餐厅送快递，送完快递之后他就饶有兴致地拿起了一本糕点制作的书跟前台的服务员聊了起来。

王恒星翻着那本书说："哎，什么时候买的书啊？我之前怎么没发现？"

服务员说："之前就有的啊！"

王恒星说："哎，我对这些特别感兴趣。你看这个菠萝包，我也会做。你们这本书送给我吧？"

服务员说："这是我们老板买的，你去找他要呗！"

…………

王恒星对我说："你就跟他们聊呗，随便聊。他们有时候也很无聊，你就跟他们随便聊，自己不也挺高兴的吗？刚开始的时候是需要找话跟他们聊，后来就跟朋友一样了，你见了朋友不也都聊两句吗？"

张伟说："有事没事你就去那里晃悠。你下午有的时候闲

追系统的人

着不也没地方去吗？就到处去坐一坐。"

这个相处过程中会伴有一些很小的经济往来：小宝会给维也纳酒店的前台递烟；杨强经常在××北路2号院的小卖铺买东西，因为他经常会把收件人不在家的快递放在这个小卖铺，让收件人自行取件；小磊给东海国际大厦公司前台的工作人员免费发过几次快递。

再次，与公司前台工作人员建立起人情性质的业缘关系有利于快递员拓展自己的业务。快递行业是伴随着现代经贸活动的繁荣而兴起的服务行业，公司前台的一个重要作用就是负责各种重要文件的签收和寄递，而选择哪家快递公司、选择哪位快递员在前台工作人员权利范围之内。因此，快递员对公司前台工作人员进行"人情投资"变得非常重要。

谢小宝对维也纳酒店的前台工作人员的人情投资，使得当酒店有客人需要快递服务时，他们首先会想到给谢小宝打电话。对他们来说可能只是一通电话，但对谢小宝来说，日积月累，这就是一笔可观的收入。

在与张伟的一次谈话中，他也间接地提到了与公司前台工作人员进行"人情"经营的重要性。张伟向我抱怨说："A公司的加盟体制如果不改革，迟早要完蛋。我之前谈了一个客户，是在中关村卖耳机的，刚开始的时候一天也就5个、10个件，第二年的时候每天就将近100个件了，最多的时候去年

第六章　追系统的人：快递员的劳动过程

'双11'一天发了3 000个件。这都是我跟了几年的客户啊！我每天紧赶慢赶地去收件，都是当天发走。但是没用！你这边发出去了，到了收件地的分公司后，快递员偏不给送，或者服务态度不好，经常被人投诉。后来那个老板就不乐意了，跟前台说快递全部发顺丰，但前台还是每天给我发几十个。过了没多久，他们公司就全部不在我这儿发快递了。那个小妹也没办法，她把两个单号拿出来在网上查，然后跟我说：'王哥啊，你看同样是发一个地方的，人家顺丰两天就到了，你们这都第四天了还没到。要是差半天一天也就算了，差两三天，老板那里我有点说不过去了。'"张伟双手一拍："你说！这能怪我吗？"我说："那个前台对你还挺不错啊。"张伟说："那是啊，我每天去跟她聊会儿天，时不时给人买点水，买点小零食。"

最后，能否与"守门员"们处于相对融洽的关系成了快递行业衡量一名快递员是否合格的重要标准。快递员基本上将公司的同事分为两类："正经上班的"和"玩儿的"。在他们眼中，那些想"正经上班"的快递员是会花时间、花精力去经营社区关系的快递员，而那些抱着"玩"的心态的快递员则比较随意，也不太愿意去经营社区关系，好干就干，不好干就随时准备走。

在跟老温、小宝和小磊送快递的过程中，我们总是会谈及公司里其他的快递员。但是在谈及赵小二（赵登义的弟弟）的时候，他们比较一致地认为："他哪里是来打工的，他就是出来玩的。"追问发现，大家之所以认为小二不是在工作，而是"在玩"，并不是因为小二经常丢件或者延误送件。他们做出这个判断的依据之一就是小二经常跟小区的保安闹矛盾。

小磊说，小二"二不愣登"的，要不是因为他哥是承包商，老杨早开除他了。刚来没几天就跟小区的保安打架，原因是他在小区里乱放电瓶车，影响了其他车辆的出入。小区的保安说了他几句，他就跟人吵。

（二）门外的"江湖"

快递员的劳动过程不仅仅嵌在公司内部的社会关系网络中。快递员在日常的劳动过程中，还经常与其他公司的快递员互动交往，并以此为基础形成了一个新的社会关系网络，一个快递员自己的"江湖"，他们的劳动过程也嵌在这个"江湖"之中。通过这个"江湖"，快递员形成了一个互助网络，可以在一定程度上避免同行竞争，提高自身在消费者面前的议价能力；这个"江湖"网络也可以提供较好的组织资源，使得快递员能够以较低的成本采取集体行动，抵御外部的机构或者组织对他们劳动过程和劳动方式的干预和影响。而且快递员快速的职业流动并不会影响这个"江湖"网络自身，它一旦形成，便会自行运转下去。一名快递员辞职走了，新来的快递员又会很快加入这个网络，就像张一瑞那样。虽然他们彼此都不知道对方的姓名，往往以公司名来称呼对方。

第六章　追系统的人：快递员的劳动过程

1. 互助网络、信息共享

由于工作的时间节点基本一致，因此快递员在送快递的过程中经常能遇见其他快递公司的快递员。在这种日常互动中，他们逐渐相互熟悉起来。虽然他们来自祖国的四面八方，但是在做着一样的工作；虽然他们不知道彼此的姓名，但是可以用公司的名称相互指代；虽然他们为不同的公司工作，但是面对的常常是同样的一群收件人，你遇见的奇奇怪怪的收件人，我也可能遇见；虽然他们在工作之外很难有任何交集，但是在上班的时候可以经常聚在一起"侃大山"，聊聊这个小区×楼×门的奇葩收件人，或者是聊聊这个片区××餐厅那个漂亮的服务员小妹。快递员也是一个"熟悉的陌生人"群体，他们的劳动过程在一定程度上受到这个群体的影响。

在跟小张一起送快递的过程中，一天，我们在华悦国际门口分拣快递，中通快递的快递员也来了，小张就和他有一搭没一搭地聊了起来。后来，他问小张有没有要送3号楼的件，可以帮小张去送。小张答应了，并让他把底座商户的件找出来，自己帮他去送。不仅如此，据小张说："揽件的价格都是跟其他快递公司的快递员商量好的，北京8块、江浙沪12块、广东20块。"

老温跟其他公司的快递员关系都挺不错。××庄园小区一般不让快递员进入，所以小区门口总是停着各个快递公司的电瓶车，老温到小区门口的时候，旁边中通、京东的快递员总是跟他打招呼、开玩笑。他们之前虽然不知道彼此的姓名，但是会以公司名称呼对方。"哎，××，带徒弟了哈?"申通的快递员还开玩笑说："哎，别跟他们××干了，三个月都不发工资，来我们申通吧。哈哈哈!"

在遇到一些特殊情况的时候，他们之间也会相互帮助、沟通信息。一次，老温在大厦的电梯里遇到了顺丰的快递员，就跟他聊了起来："哎，顺丰，这几天12楼的件这么少？国庆期间怎么样，件多不多?"顺丰的快递员说："我的件也不多。"老温说："怎么突然变得这么少？（他们是不是选了别家快递)"顺丰的快递员说："好像最近的件都不多。"

由于负责的区域比较一致，因此快递员们也常常共享信息。他们之间共享的信息包括收件人的基本情况、在小区派送过程中需要注意的一些事项等。

在跟着老温送快递的过程中，我发现在给特定的收件人派件的时候，老温会罕见地拿出笔来让收件人在快递面单上签字。我问老温为什么不让别人签，独独让这家人签，老温说："这家人有时候收了快递硬说自己没收到，申通就被他们坑过。现在面单上也让他们自己签上字，想赖都赖不掉了。"

2. 价格同盟

不同公司的快递员之间还会通过协商确定统一价格。不论是

第六章　追系统的人：快递员的劳动过程

A1 分公司还是 A2 分公司，我都发现公司的快递员会与其他公司的快递员形成一个大家心知肚明的"价格同盟"。在 A1 分公司，小张直接跟我说了他与其他公司的快递员之间的协议。而在 A2 分公司，我直接目睹了这个过程。那天，我和老温从莲花大厦出来，一位女士在申通寄快递，对话过程如下。

> 寄件人："少收点不行吗？"
>
> 老温笑着附和道："你少收点不行吗！怎么老是收那么贵！"
>
> 申通的快递员拿着快递面单说："8 块已经是最便宜的了。"
>
> 寄件人转向我们："哎，××你们发北京收多少钱啊？"
>
> 老温苦笑："我这儿更贵呢！"
>
> 申通道："他那儿收 10 块。"
>
> 没有过多停留，老温带着我上车就走了，上车之后我问老温："我们发北京不也是 8 块吗？"
>
> 老温说："咱们送快递，全都是在一起送对吧？申通、中通咱们都认识，那个人已经到人家那边去了，价钱已经谈好了，你就不要再说话了。这种时候就算你 6 块钱能发走，也不能收！"
>
> 我附和道："是吧！"
>
> 老温说："这样不太好，大家都认识！人家找的是他。说实在的，谁不在，别人还能帮他看下车。我上去了，他在下面

追系统的人

帮我看着车。他上去了,我帮他看着车。不至于,犯不上,两块钱的事。挣那点干啥啊?"

我回答:"嗯。"

老温:"然后又把你的名誉破坏了,你以后还咋干啊?"

我:"对,大家都认识。"

老温:"那可不,背后会说你,看××,一点儿不地道。咱们以后还怎么在这地方混啊?"

东海国际大厦是一座商务办公大厦,由谢小磊负责派送。第一天跟着小磊送快递的时候,小磊跟我说,东海国际大厦的 12 层是收费最低的。我很纳闷,为什么同一座大厦里,快递的价格是不一样的。小磊说:"别的楼层发北京都是收 10 块,发外地是 12 块起,也不知道谁在 12 层收的是 8 块(北京)、10 块(外地)。现在我去 12 层收快递,那些人问都不问就给你这么多。"

3. 联合行动

当其他群体试图干涉快递员的劳动过程时,快递员也会集结起来一同反抗,以维护自己对劳动过程的自主权。××小区的物业以快递车辆经常在小区内剐蹭业主的车辆为由禁止快递公司的电瓶车入内,只允许快递员携带麻袋和小拖车进入。但是这个小区里一共有十多幢楼,这样的做法明显增加了快递员的工作负担。因此,王恒星挨个联系了其他公司的快递员,组织大家一起在小区门口派送快递,让小区的业主自行到小区门口取快递。当我回到公司食堂的

第六章 追系统的人：快递员的劳动过程

时候，他正在给韵达的快递员发微信：

王恒星："申通、中通、京东都说好了，就差你了哦。我们下午5点一起在小区门口送。"

韵达说："下午5点我到不了。"

王恒星："那就4点。4点一起过去。"

我有点奇怪他为什么要约其他人一起在小区门口送快递，便问："为啥要约一块？"

王恒星："约一块就统一了。有的人进去，有的人不进去，那还是不行。人家会说，那个什么申通的就能进来，你怎么进不来啊？"

我恍然大悟："哦！"

王恒星继续说："要不进都不进，要进都进，别搞特殊。保安也坏，看你的快递车来了，就放你一个人进去。别的公司的快递车都不让进。"

我不得其解："为啥？"

王恒星："他推卸责任，这样小区物业跟住户不就有说法了吗？为什么人家让进，你就不让进？"

后来王恒星果然召集了申通、京东等一众快递公司的快递员在小区门口送快递，每天坚持给收件人打电话，让他们自行到小区门口取件。收件人抱怨的时候，他们顺势把"锅"甩给了小区物业，说"是小区物业不让我们进小区的"。许多收件人听后便去投诉小区物业。双方僵持了一周左右，最后小区物业撤销了快递公司电瓶车进小区的禁令。

二、市场之外的"私人关系"

在面对消费者时，快递员也希望能与消费者发展出一种市场关系之外的社会关系。他们一般会利用信息不对称、频繁的日常互动等方式将消费者带入这种社会关系，使得自身与消费者之间的市场交易关系之上又嵌套了一层朋友式的关系。频繁的日常互动是产生这种社会关系的一种重要方式，但这是一种比较"被动"的方式，需要消费者主动与快递员进行聊天、攀谈等互动。还有一部分快递员会通过比较"主动"的方式来构建这种关系。

随着信息技术的发展，许多快递公司都推出了互联网下单的功能。消费者只需要在网上填写地址信息，快递公司就会将订单信息派发给各个加盟分公司，加盟分公司再根据地址让负责该片区的快递员上门取件。但是消费者在网上下的快递订单并不涉及具体的定价，定价权依然掌握在取件快递员的手上。

在开始本次调查之前，我都是通过网上下订单的方式发快递的，发了两三次之后，我发现上门取件的快递员都是同一个人。我就问这名快递员："怎么都这么贵啊？能不能便宜点？"

第六章 追系统的人：快递员的劳动过程

快递员说："网上下订单都是这么贵，你加我个微信，以后要发件直接找我，我能给你优惠点。"我有点半信半疑："真的吗？"快递员拎了一下我要发的快递："你这个旅行箱，网上下单是75块钱，要是直接跟我联系的话，至少能便宜20块钱。"我说："真的吗？那我不走网上了，你就当作我这个快递是从你这儿走的吧。"快递员说："哎呀，不行呀，你已经在网上下单了，下次吧。"

经过田野调查我才发现，消费者在网上下的订单与消费者直接联系快递员下的订单之间并没有区别①，加盟分公司只是起到一个信息传达的作用，快递员对消费者在网上下的订单同样有定价权。

利用市场信息的不对称，快递员可以给消费者营造"正规"和"私人"这两种不同的发件方式："正规"方式代表规范的市场关系，消费者面对的是无差别的快递员，无论哪一个快递员给消费者提供服务，价格都是既定的，服务也不会有什么差别；"私人"方式意味着消费者面对的是一个具体的、特定的快递员，消费者可以通过他在市场关系之外开辟一条新的通道，在这条通道中，消费者可以以低于市场的价格获得同样的服务。在购买的服务没有本质区

---

① 唯一的区别就是网上的快递订单有时效，但是这个时效对快递员并没有太大的约束力。对于网上的订单，快递员不愿意上门取件的时候一般会直接与消费者联系，说自己太忙了来不及去取件，让其改选其他的快递公司。

追系统的人

别的前提下,一部分人会选择从市场关系进入与快递员的私人关系中:由于自己与这名快递员"认识",他可以在他的职权范围内提供"方便",以更低的价格使我享受到同质的快递服务;而我也知道他通过这种关系可能会获得更多的订单。在这种"私人"关系中,当出现问题时,比如快递丢失、损毁,消费者也可以采用市场关系之外的这种"私人"关系来处理。

7月中旬的北京酷热难耐,下午1点操作组的分拣工人开始上班。这时候大部分快递员会随便在食堂扒几口饭,抽空到宿舍午休一会儿。接近下午2点的时候,快递已经分拣、派件完毕。严小金睡眼惺忪地来到仓库,大声地叫方小杰:"方小杰,我的件派了吗?赶紧给我派,我下午得早点走。"

我问:"你下午件也不多,这么着急干什么?"

严小金说:"我去给人还包。上个月我给那个人送快递,说是一个电脑包,我也有印象,挺大的一个箱子。他当时不在家,就让我放在他们小区超市的菜鸟物流那里。但是晚上的时候他给我打电话,说找不到了。我心想不可能啊,就放在超市的前台。我说第二天去帮他找,但是第二天去了真没找着,就问他那个包多少钱,我自己赔给他。他没让我赔,说算了,那个包要280块钱,我得送多少快递才能赚280块钱啊。"

我说:"哦,结果没让你赔。那怎么又找到了呢?"

严小金说:"菜鸟物流那里东西不是特别多吗?我想应该

第六章　追系统的人：快递员的劳动过程

是不知道被搬到哪里去了，或者是被别人拿错了，别人知道自己拿错了之后，也就还回来了。所以去送他们小区的时候，得空我就去那里看看。哎，昨天还真让我在一个角落里翻出来了。我就给收件人打电话，跟他说好今天下午给他送过去。"

我说："这都过去一个月了，你也不认识他，这包为什么不自己留着，好歹也值 300 块钱。"

严小金说："那怎么能行，我之前一直给他送快递，都挺熟的。那天送电脑包的时候我给他打电话问是不是上班不在家，我给你放小区超市的菜鸟物流了啊。他说，没问题，谢谢啦。后来他也没让我赔，这个包我得给他还回去。"

说完严小金就跨上电瓶车走了。

无论消费者与快递员在市场关系之外的私人关系是以何种方式建立的，这种社会关系一旦产生，背后的社会文化就会对消费者和快递员双方的行为产生约束，而他们的行为又会反过来进一步强化或者削弱他们之间的社会关系。

这是在跟着杨强派件的过程中发生的一件事情。那天下午，杨强早早就送完了件，还没到客户发货的时间。他用微信问王恒星在哪里，王恒星说自己在××小区门口，我们就开着电瓶车去往××小区。见面之后，我们有一句没一句地聊天。王恒星突然说："老杨这个人不行。做人没一点诚信。"

我很纳闷："怎么了？"

追系统的人

王恒星吐了一口烟说:"今天早上去跟一个客户结账,老杨给了我一把底单就让我去了。我去了之后,人家也得核算一遍,结果就发现有一件发香港地区的快递老杨收了人家90块钱。客户问我怎么回事,我说我也不清楚,中午回去问问。中午我回去的时候就问了老杨,老杨说就是90块,最低不能低于60块。"

我问:"是个大件吗?"

王恒星说:"根本不是,就在首重内。北京发过去最多也就20块,他要收人家90块!"

我问:"那你怎么办?最后收了多少?"

王恒星说:"我去了就跟他们说,你们给我20块就行了。晚上回去我就打算跟老杨说,他们就给了20块,你爱要不要,不够的话自己去找他们要。"

我笑着说:"你怎么还帮着客户省钱了?"

王恒星说:"20块的东西,你收人家90块,这也太黑心了。还被人家查出来了。"

通过上文的分析我们发现,快递员会通过在社区中的"朋友"关系网络使得自己在工作中兼顾公司的标准化要求和消费者的个性化要求。

首先,社会关系网络提供的帮助与支持延展了他们的服务。比如,当收件人没有办法本人签收快递时,小区的保安、物业或者公司前台可以帮忙代收。这样，快递员可以在公司规定的时效范围内录入签收信息，收件人也可以在合适的时间范围内自行到物业、前台取快递。

其次，与消费者之间"相互熟识"的关系比较好地解决了市场交易中的信任问题，使得很大一部分消费者对快递员提前签收快递的行为采取一种默许的态度。如果缺少这种社会关系网络，快递员提前签收快递很有可能会遭到消费者的投诉。

再次，快递员与消费者之间的社会关系会增加服务本身的私人化与定制化色彩。严格的流程化与标准化的服务会使得消费者感觉自己也是非个人化的，而快递员与消费者之间基于熟识关系的互动会降低消费者的这种不适感。

最后，快递员之间的社会关系网络能够帮助他们提升工作效率。当不同收件人的需求相互冲突时，快递员之间的社会关系网络能很好地帮助他们解决这样的困境。当其他社会群体企图对他们的劳动过程施加影响时，它可以为快递员提供对抗的资源，以保证自身对于劳动过程的自主性。

三、快递员社会关系网络的构建过程

不论是与消费者，还是与社区其他人员，社会关系网络都需要快递员进行构建与维护，这是他们劳动过程中的一个重要环节。就像王恒星在提前签收收件人快递的时候是"有选择性"的提前签收，谢小宝在聊到门卫时也说：

> 不是谁都可以放的。有的人（快递员）的快递放这儿就没事，有的人的快递放这儿说不定就丢了。

（一）熟络

关系的建立与发展往往需要以一定的了解为基础，因此对收件人的熟悉是快递员工作中的一个重要环节。这需要快递员对他们的收件人做足够多的观察，就像谢小宝所说：

> 买东西的经常就是那么一些人……好多人你一跟我说电话尾号，我就知道他住哪里……你看那个（收件人）×××的初恋女友，就住在××号楼1单元403，每天都有她的快递……

而在间接社会关系网络的构建中，快递员的主动性往往更大。他们一般会选择在工作的间隙与小区的物业、保安等工作人员闲聊，或者一起抽烟，在这样频繁的、简单的互动过程中与这些工作人员达到一种熟络的状态。

（二）固定派送区域

工作中，A公司将揽收的快递按照区域通过转运中心发往各个省市的分公司，各个省市的分公司再将这些快递分派给其辖区内的

第六章　追系统的人：快递员的劳动过程

各个网点，网点则将负责派送的片区再次划分为多个小区域，每个快递员负责1~2个小区域内快递的派送。虽然派送区域的划分主要由网点的老板决定，但是快递员一旦选定（或者被指派）某个区域，他们就非常不愿意进行派送区域的调整。

固定自己的派送区域使得快递员不论是和消费者还是和物业、保安等社区人员都能有持续稳定的互动。虽然快递员与消费者的互动情境比较简单，但是这种"简单"互动在日积月累中会使快递员和消费者之间的陌生关系慢慢消解——从陌生人转变为"熟悉的陌生人"。消费者可能并不知道这些快递员姓甚名谁，甚至都弄不清楚他们到底分属于哪家快递公司，但是他们知道：

"这个人就是快递员。"

"我们家的快递都是他送的。"

"他是××公司的快递员。"

固定派送区域对资本是有利的，因为这样能提高派送的效率。但是坚守自己的派送区域同样也是快递员的一种策略。当资本出于某方面原因需要对快递员的派送区域进行调整的时候，这种劳动策略就表现得更加明显。

调查过程中，我发现快递员大致会对各个派送区域建立一个基本判断："好送"或者"不好送"。好送的区域是指商圈、写字楼比较多的区域，写字楼有电梯，而且快递量比较大，上一次楼可能几十个快递就送出去了。而不好送的区域主要是居民小区比较多的区域，就像王恒星说的"上一次五六层楼，就送一件快递"。小贾的派送区域是 A2 分公司公认不好送的区域，因为都是没有电梯的居民小区。但是在调查过程中，有两名员工离职，A2 分公司老板老杨出于照顾小贾的考虑，想给小贾换一个派送区域，以接替离职的员工，但是小贾不同意。当被问及原因时，小贾告诉我："我在这里都习惯了，换那边去干啥？"

（三）互惠

除了熟悉收件人和社区、固定自己的派送区域外，快递员会通过互惠的方式来构建直接或者间接的社会关系网络。与收件人构建关系网络的最佳方式是发件优惠。由于网络购物经常涉及退还货物，所以经常收快递的人往往也需要经常发快递，而在一个派送区域内，收发快递通常是由同一名快递员负责。通过发件与收件人建立微信联系，对于构建直接关系网络具有重要作用。我在调查过程中经常发现有收件人通过微信联系快递员发快递的情况。

王恒星说："你上门的时候就跟他们说，网上下订单都贵。你加我个微信，以后要发件直接找我，我给你优惠点……其实人家也不一定看重那 3 块、5 块，就是加了微信人家找你也方便，省得网上下单……"

第六章　追系统的人：快递员的劳动过程

间接关系网络的建构过程则有更大的灵活性，不同的快递员会以各自不同的方式来与小区物业、保安、公司前台工作人员相处。

张伟说："前台那些小姑娘，夏天的时候我都给她们带饮料……去年'双11'，她们加班发货，我这边快递送完了还大半夜跑过去帮她们打包发货……"

四、借力打力

在面对资方、消费者以及外部环境的诸多限制时，三方之间的需求往往会存在一些矛盾。但是快递员并不会躲避这些矛盾，相反，他们会积极利用这些矛盾，借力打力，来争取自己劳动过程中的自主性。

在派送快递的过程中，快递员经常会遇到一些为加强社区管理而不允许快递员进入的社区。对于这种情况，快递员会利用社区管理来调节消费者的弹性化需求，对抗资本对劳动者的要求。

任大伟是××大学网点的快递员，他介绍说，之前××大学的快递都是到学生的宿舍楼下去送，但是后来学校出了规定，不让在学校里送快递了，专门给他们划了一个区域，从此他们就都在快递网点给学生发短信，让学生自行到快递网点取快递。任大伟说："这样其实我们更方便了，以前得一幢楼一幢楼地送快递。那时候整个××大学一天就 300 多个件,我们三四个人送不过来;现在一天至少有 1 000 多个件,我们三四个人正好。每天只要用校园派编好号码,然后给收件人群发短信,他们就自己来取了。这样也好调整自己的时间,省得我们在宿舍楼下空等。"我问:"那学生们愿意自己来取吗?"任大伟说:"没办法啊,他们有意见,我们就说这都是你们学校规定的,你们跟学校说去吧。"

王恒星在派送××社区期间,一度曾遇到物业的阻拦,他便组织了其他快递公司的快递员在小区门口摆摊送快递,让收件人在固定的时间自行到小区门口取快递。不仅如此,在此期间,王恒星经常以飞达社区的快递来不及派送为由,中午不回公司。老杨很不高兴地跟我说:"王恒星这么搞,就是为了中午不回公司分拣快递。不仅不回公司分拣快递,他那个小区的午班件我还得让别人给他带过去。"但是老杨对王恒星也无可奈何,因为老杨去社区里巡视了两次,"每次都发现王恒星确实还有几件快递没送出去"。

资本对快递员劳动过程的管控,不仅仅包括公司总部流程化与标准化的要求,还包括了分公司具体的管理实践。公司总部对流程化与标准化的要求,由一套信息技术系统和反馈机制来推行;而在分公司层面,内部的管理实践则由管理者的监管及社会关系网络来维持。这一套复杂的规范与要求,不仅规范了快递员的劳动过程,

第六章　追系统的人：快递员的劳动过程

同时也可以被快递员用来调节消费者的弹性化需求。

张一瑞在派送小区的快递时，经常遇到收件人不在家的情况。这时他就会录入签收信息，然后给收件人发送短信："你好，我是××快递，你家里没人。我先给你签收了，不然公司要罚款。下午我再给你送。"

而在 A2 分公司调查期间，一天早上，在公司分拣早班件的时候，王大伟接到了一个收件人的电话。收件人说他的快递现在着急要，能不能现在给他送过来，因为过了 8 点半收件人就得出门了。大伟说："我们公司这边规定早上 8 点出发，我现在出不去，没法给您送啊。您看看有没有人能帮您收一下？"

面对公司对时效的要求，快递员也可以通过引入消费者不同的需求之间的矛盾，以使得消费者降低自己的需求，转而接受一些折中的办法。因为同一个社区中，不同收件人的需求之间存在冲突，这种需求之间的矛盾与冲突会要求快递员付出额外的劳动来满足，但是快递员也可以将这种矛盾引入他们与消费者的互动中。

2016 年的"双 11"恰逢周五，许多网民在网上抢购的物品在周六下午陆陆续续到达加盟分公司。由于是在周末，许多公司的快递没有办法正常派送，往常这部分的快递都是等到周一的时候，连同周一的快递一起派送。但是王小二说："这样肯定不行，快递越来越多，这些快递等到周一的时候就爆仓了。"所以王小二给这些收件人一一打电话,问他们今天在不在公司,有没有人能代收。如果没有人能代收的话,王小二说:"你最好找一找,因为'双11'了,公司快爆仓了,送不过来了。今天给你送,你不收的话,那只能等货都清完了再给你送,最快也得11月底了。"一部分收件人听后表示让值班的同事代收,而另外一部分人允许王小二11月底再进行派送。

此外,快递员还可以通过突出消费者要求的服务与自身的报酬之间的矛盾来回避掉收件人的一些要求。快递员每派送一件快递的报酬是1元,无论快递的重量大小。但是随着网购商品种类的增加,越来越多的大型物品也通过快递的形式进行派送。快递员在遇到这种快递时都表示很"头疼",因为这些大型快递既占空间,又影响他们派送其他快递的效率。他们一般的处理方式是先跟收件人沟通,让收件人在特定的时间在家等着收快递。一旦收件人表示异议,他们就会通过突出他们劳动付出与收入之间的不对等来调节收件人的需求:或者让收件人在特定的时间在家等快递,或者是将快递放在特定的位置,由收件人自行领取。

在跟着张一瑞派送快递的期间,有一天他的一件快递是一台洗衣机,张一瑞没有提前打电话沟通,送到门口的时候才发现收件人并不在家。张一瑞给收件人打了一个电话,收件人说自己不在家,没办法签收。张一瑞就说:"这个东西很大啊,你总不能让我先搬回去,下次再给你搬回来吧?我送你这一件

第六章　追系统的人：快递员的劳动过程

快递才挣1块钱。"收件人想了想说："这样吧，你敲敲隔壁的门，我让隔壁的人替我收一下。"张一瑞敲开了隔壁的门，隔壁是一位老大爷，他把基本情况跟老大爷说了一下，然后把电话给了老大爷，收件人跟老大爷说了几句，老大爷问清楚了快递的数量和收件人回家的时间之后，便同意代收快递。

第七章

被"管理"的关系：快递员社会关系网络背后"看不见的手"

第七章 被"管理"的关系：快递员社会关系网络背后"看不见的手"

在快递员的劳动过程中，诸多业缘关系的建立需要他们进行人情投入，以争取在系统的监控之下能够一定程度上获得劳动过程的自主性。他们极力地想把社区中的一部分人群拉入由人情编织而成的社会关系网络中。从事情的过程本身看来，资本并不参与这个过程，是"隐形的"，快递员在劳动过程中所做的各种人情投资完全是一种资本意料之外的无报酬劳动。但实际上，资本会通过各种方式在快递员的身后推动他们嵌入社区的社会关系网络中，看似意料之外的结果，其实早已在资本的精心计算中。

一、头顶上的达摩克利斯之剑

信息技术的发展成果被积极有效地运用到了诸多行业与诸多领域中，这也使得管理者对特定劳动过程的监控成为可能。以现代信息技术为手段，以快递本身为载体，公司管理层实现了对快递物流过程以及工人劳动过程的实时监控。快递员劳动过程中的各种过失都可以通过信息技术的监控机制和消费者的反馈机制组成的监察网络进行追踪，公司也对快递员的各种过失行为制定了相应的处罚措施，处罚一般是采取罚金的形式。比如，虚假签收罚款为700元/次；虚报问题件为5元/票[①]；快递遗失，商品价格不满300元的罚款300

[①] 虚报问题件一般是指快递员谎报收件人不在指定的收件地点，因此无法按时派送，延长至下一个班次再次进行派送。当快递员无法在规定时间之内完成派送，一般会采用这样的方式规避延误惩罚。

元，商品价格超过 300 元的，以实际价格进行罚款，所罚没款项用于赔偿消费者。

消费者的投诉，比如延误、虚假签收等，在网上提交之后，会经由公司总部的客服部门转发至各个责任网点的客服人员，责任网点的客服人员在接到客户的投诉之后并不是直接对相应的责任人做出处罚，他们通常的做法是立即联系相应的责任人，让他们迅速与客户联系，解决问题。

在我开始进行田野调查的时候，总是能发现快递员在送快递的过程中接到公司客服的电话，一般的内容都是："有你的投诉了，签收未收到！投诉人住在××位置，收件人的电话我已经微信发给你了，你待会儿赶紧跟他联系一下。"刚开始的时候，我的反应是："签收未收到，公司的规章制度里罚款可不少啊。"但是反观快递员，他们的态度似乎不像我这么着急。老温说："其实现在系统设置有问题，比如说你在淘宝上买东西可以查物流，一旦我们这边打了签收，你淘宝系统里就会显示快递已被签收。很多人就着急了，会说：'我没收到快递啊，谁把我的快递签收了啊？'很多人不联系快递员，就直接在淘宝系统里点了投诉。这种时候一般你给他们打个电话，解释一下，说今天快递太多了，货送不过来了，所以先打了签收，下午或者明天再给他们送，也就没事了。"

我问："那他们已经投诉了，公司的系统上有记录，你还

第七章 被"管理"的关系：快递员社会关系网络背后"看不见的手"

会被罚款吗？"

老温说："不会，解决了之后就撤诉了，撤诉了还罚什么款啊？"

我说："那你自己可以撤诉吗？还是得收件人撤诉？"

老温说："你问题解决了就可以自己撤了。等收件人撤，得等到什么时候去。投诉很积极，撤诉也会那么积极吗？"

所以，A公司在严密的规则制度之下，给快递员的各种"违规"行为开了一个缺口，快递员可以通过事后的补救措施来避免公司规章制度对他们的"违规"行为进行处罚，但是这种事后的补救措施必须通过申诉人也就是消费者才能实现。未经过申诉人同意的单方面撤诉可能会导致更为严重的处罚，快递员的单方面撤诉可能会引起消费者的二次申诉，就算消费者没有进行二次申诉，总公司也会定期对消费者的投诉进行抽查，以确定问题是否已经解决，如表7.1所示。

一开始的时候，我认为这种"缺口"是制度设计上的漏洞，快递员钻了这种漏洞，所以公司关于派送时效、签收规范的要求在实际的劳动实践中很难被贯彻实施下去。但是在与公司管理层王小光的一次谈话中我发现，这是一种有意为之的制度设计，或者说总公司也发现了这个"漏洞"，但是并不急于去填补。

王小光说："罚款的目的是什么？不就是为了解决问题吗？罚款本身并不是我们的目的，你罚了他的钱，他不去解决问题

表 7.1 2016年7月30日淘宝平台投诉虚假完结责任明细（部分）

序号	管区名称	省区名称	责任网点名称	责任网点代码	抽查票数	虚假完结票数	虚假完结率
1	西北管理区	新疆维吾尔自治区	新疆乌鲁木齐市	—	11	4	36%
2	华南管理区	广东省	广东省中山市	—	3	3	100%
3	江苏省	江苏省	江苏省无锡市	—	6	3	50%
4	重庆市	重庆市	重庆市巴南区	—	3	3	100%
5	华南管理区	广东省	广东省深圳市南头	—	3	2	67%
6	河北省	河北省	河北省石家庄市新华区联盟路	—	2	2	100%
7	湖北省	湖北省	湖北省荆州市	—	2	2	100%
8	东北管理区	吉林省	吉林省长春市景阳	—	2	2	100%

第七章　被"管理"的关系：快递员社会关系网络背后"看不见的手"

也没用。关键是引导他们去解决问题。"

我说："那为什么不能把问题杜绝在源头呢？明令禁止。"

王小光说："这比较难，你去过一线，应该知道很多问题是我们事先没有办法预料的，很多时候你就是没有办法照章办事。"

这个"漏洞"背后还有更为深层的用意：引导快递员与收件人"处好关系"，把外部性的交易关系拉入内部性的朋友关系网络中，使得收件人在遇到快递员工作失误的时候不"照章办事"，而是会碍于"情面"，选择"大事化小、小事化了"的态度。

如果将公司的各种规章制度比喻为悬挂在快递员头上的达摩克利斯之剑，那么与收件人的这种"朋友"关系就是系住这根宝剑的绳索。虽然头顶上的这把宝剑一直存在，但是公司的规章制度同样给快递员指了一条"明路"：和你的客户好好相处，只要你和他们相处好了，即使你违反了规章制度，悬挂在头顶的宝剑也不会落下。这条"明路"就是申诉撤销制度。初看之下，申诉撤销制度是公司制度管理中的一个"漏洞"，削弱了公司对快递员劳动过程的控制。但是这项制度能引导快递员更加主动地嵌入社区的社会关系网络，用活泛的"人情法则"而不是死板的"规章制度"来处理已经出现的问题。看似是对流程化与标准化的调整，实际上是把弹性的行为标准化，把分散的、个体的行为纳入一种规则化的解决机制。

二、分而化之

快递行业的一个突出特征是规模效应明显，随着规模的扩大，快递的边际成本会越来越低。也正是因为这个特性，快递公司天然地需要进行重组、并购，市场上的快递公司数量会越来越少。所以，我们看到 2000 年初期市场上遍地开花的快递公司，到 2016 年基本只存活下来了十几家，业务量前八的快递公司市场份额占到全国的 90%。加盟分公司也同样存在规模效应，但是，A 公司的快递网点却很少出现整合、兼并的现象，而是在不断地发生拆分。

如图 7.1 所示，2012—2016 年，A 公司在业务量迅速增长的同时，分公司数量却反常地出现了增长。经营效益更好的分公司并没有兼并效益较差的分公司，相反，出现了越来越多的分公司。2012 年 A 公司在北京地区有 68 家加盟分公司，到了 2016 年 8 月，已经有了 110 家加盟分公司，增加了将近一倍。我通过调查发现，除与快递市场规模扩大有关，这还是 A 公司直接干预的结果。总部会通过破产分公司重组、拆分经济效益好的分公司等手段来增加加盟分公司的数量，而这样做的主要目的就是控制加盟分公司的体量，削弱其与总部讨价还价的能力。

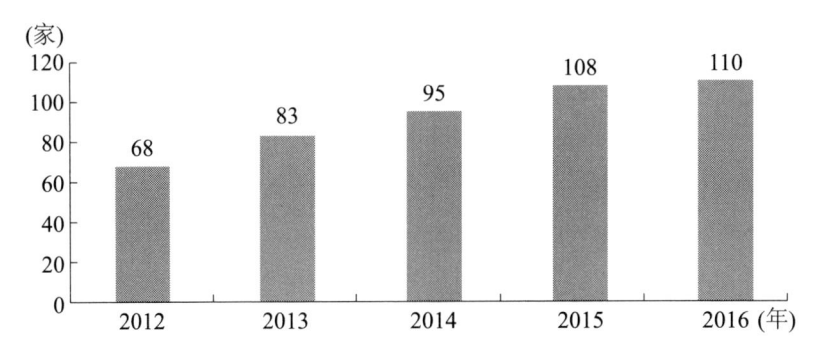

第七章 被"管理"的关系：快递员社会关系网络背后"看不见的手"

图 7.1　2012—2016 年 A 公司北京地区分公司数量

在与西直门分公司的老板老陆的一次谈话中，老陆说他其实有两个分公司，另外一个分公司的法人是他的哥哥，但其实公司的各项运营费用都是他出的，他的哥哥只是作为主管帮忙照看。为什么要这样做呢？老陆说："这是公司的规定，每个分公司老板只能承包一个片区，你给再多的钱，也不可能让你承包两个片区。"

增加分公司数量的主要办法是破产分公司重组、拆分经济效益好的分公司。A 公司总部通过这样的方式，不仅抑制了加盟分公司之间的相互兼并，还平衡了加盟分公司之间的差距。

公司管理层小朱说："破产的分公司一般会拆分一下再往外承包，而有的分公司太大了，也会被强行拆分。"至于为什么要强行拆分经济效益好的分公司，小朱说："这是更高层的事，他们认为这样其实有利于总部制衡下面的分公司。这些分

追系统的人

公司的负责人都认为自己是老板，没人认为自己是你的员工。所以有矛盾、有纠纷的时候，他可以召集底下的员工罢工。如果他的片区大，或者有好几个片区，那么你一天不送可以，三四天呢？你的品牌形象还要不要了？但是如果他就那么一小个片区，他要罢工，总部随时可以到劳动力市场雇二三十人去送，你愿意罢工就让你罢工。"

我调查的 A1 分公司和 A2 分公司中，公司的全体员工数都在 20~30 人之间。据管理层小朱说："正常情况下就是这个规模。"这样公司总部在制约分公司规模的同时，也控制了同一个公司内部快递员的数量，从而削弱了他们集体行动的力量。

第八章

中国快递路在何方

第八章　中国快递路在何方

2016年"双11"之后，我正式结束了田野调查，一头扎进博士论文的写作中。随后的日子仿佛被按下了快捷键：写论文、找工作、装修房子、生孩子……但是和这帮一起在北京街头"漂"过的兄弟们还偶有联系。2016年11月底，我接到老严的一个电话，他告诉我他们站在"双11"的时候爆仓了。起因是他们兄弟几个在经营理念上有冲突，平时倒也还好，但是这个矛盾随着"双11"海量快件的出现爆发了。负责仓库管理和操作部的老严索性将操作系统锁定后"人间蒸发"，让所有的快递都没办法扫描入站，自然也就没办法在系统里录入派送，随之而来的就是指数级别增加的罚款。老严说："到后面送不送已经没意义了，反正罚款还不上了，索性就都不送了……"A1分公司爆仓了之后，张一瑞结束了短暂的北漂经历，又回到老家干老本行汽修。冀旭金回河北后很快结婚生子，然后一直在老家待着，再也没有回北京。说是来帮老杨一阵就要回唐山的小贾一直没回去，他在北京待到了2020年，然后去了成都。他说："在游戏里认识了个朋友，让我过去给他帮忙……"小朱在2018年被公司派到了山西分公司，2019年山西太原市邮政管理局给市里的"快递小哥"颁发初级职称证书，我们俩就此事聊了几句。到2020年，他也离职回了湖北黄石，现在在老家的一家摩托车店做销售。

我们来到这座城市，就像星星雨点落在广阔的湖面，也许曾经激起一圈圈涟漪，但湖面终将归于平静。我们曾经来过，最后流向山川；我们在这里相聚，也在这里分离；我们短暂熟悉，但终将归于陌生。快递员和这座城市的关系是这样，城市化浪潮下的大多数人似乎也是这样。所以，跟他们待得越久，我就觉得自己跟他们越像。

在本书的修改出版之际，交通运输部修订了《快递市场管理办法》（简称"新规"），规定 2024 年 3 月 1 日起经营快递业务的企业未经用户同意，擅自使用智能快件箱以及快递服务站等方式投递快件的行为属于违规，最高将处以 3 万元罚款，引发网友热议。公众对规定普遍持支持态度，但是快递员群体则面临着更繁重的工作压力和更多可能发生的罚款，一部分地方出现了快递员离职潮。

快递业务"新规"的出台对市场规范和维护消费者权益无疑是一件好事，但这背后隐藏着的是快递员劳动过程中的两个基本矛盾：一是系统、算法不断追求提高效率和快递员有限的劳动强度、有限的劳动时间之间的矛盾；二是快递员为了满足系统、算法的要求，主动发挥劳动过程中"人"的自主性却不自觉侵犯了消费者的合法权益。

我们现在有点过于"神化"系统和算法了，觉得算法准确、高效、自动，几乎"万能"。但是，快递员面临的现实情况往往要复杂得多，系统和算法在尚且不能将这些复杂性和不确定性都考虑在内的前提下，仍然刻板地要求达到高效率的确定性结果，例如某日某时之前必须把快递送到。因此，解决这些复杂性和不确定性的任务就落到了快递员自己的头上。

未来如何更好地解决"最后 1 公里"的派送问题，我个人觉

第八章　中国快递路在何方

得，还是要从快递员劳动过程中的两个基本矛盾出发，考虑从四个方面去变革。

第一，要变革系统算法对劳动过程的管理模式。我们知道，系统管理中的算法逻辑看似是客观的、中立的，实际上，它的内在逻辑中仍然无处不体现着设计者的价值导向，甚至隐藏着一些属于全社会的刻板印象。换言之，对于系统算法应当如何设计、怎样改进，承载的多是管理者、经营者和消费者的意志。普通的劳动者往往只参与执行、不参与设计，只提供数据、不提供意见。因此，引导企业和管理者去开发对劳动过程更加友好、对劳动复杂场景更加包容的系统和算法，既是对劳动者权益的保护，也能够更真实、更有效地执行"新规"，避免简单粗暴地将派送压力与违规责任直接转嫁到一线的快递员身上。

第二，要变革企业的传统管理模式和快递的传统派送方法。现在的年轻人越来越追求个性化、精细化、体验好、品质高的消费。无论是快递行业还是其他服务行业，都应该洞察到这些消费者需求的变化，变革企业传统的管理模式，避免"一刀切"和"一成不变"的供给服务。

比如，有的人会觉得工作时间不便接电话，把快递放在驿站，下班后去拿挺方便的；有的人则认为，没有超期收费的话还可以接受，但把快递直接放在超过一天就收费的快递柜不行；还有的人家里有老人、小孩，根本受不了快递员匆匆忙忙地大声敲门，宁可放在驿站。

追系统的人

　　企业可以充分地利用系统平台，给予和尊重消费者个性化的派件方式选择；对于重物、生鲜、无电梯高楼层、有较高需求的家庭，可以合理地调整派件费用；可以允许消费者选择喜欢的快递员，甚至根据该快递员的"热门"程度调整快递员的派件费，来最大限度地激发快递员在劳动过程中发挥"人的自主性"和"人的智慧"。

　　在快递的具体派送方式中，可以考虑各种灵活的组合形式，来完成"最后1公里"的降本增效。比如，将快递员和兼职零工相结合，现在已经有走在前面的大企业开始采用这种模式。根据2023年冬天我的调查结果，在顺丰和京东的站点，他们大概有10%～20%的兼职员工或日结工。再比如，在一些高档酒店、高档小区，已经出现了"外卖员＋楼内送餐机器人""外卖员＋无人机"的人机协同配送组合。我还在想，如果我们将"最后1公里"和社区志愿服务结合在一起，是否会起到意想不到的效果？让社区里的青少年组成志愿服务队，接管小区内的"最后1公里"，快递企业则为社区提供一些活动经费。这样做既加强了社区居民的熟悉和团结程度，锻炼了青少年们的责任感和公益精神，也降低了企业的成本、缓解了快递员的压力，一举多得。

　　第三，要变革快递行业低价竞争的"泥潭"模式。2023年，大家都听过"不是××买不起，而是××更有性价比"格式的流行语。电商和快递纷纷开启了低价竞争模式，大幅降低了运费门槛，9.9元包邮甚至1.99元包邮屡见不鲜。

　　2016年我在开展调查的时候，有一个公司老板跟我说，快递

第八章 中国快递路在何方

业界流传着一句话："谁不降价谁得死，谁先降价谁先死。"8年过去了，我觉得这句话对当下的中国快递行业依然适用，绝大部分的快递公司还是在"卷价格"。反观快递服务质量、智能化配送等方面，投入和发展都较为缓慢和有限。

低价策略虽然能在短期内带来一定的收入增长，但长期而言潜藏着巨大的风险。当所有企业都过分追求低价并以此吸引消费者时，其他竞争者为了保持市场地位不得不加入价格战，通过前期投入和研发来逐渐升级服务质量的赛道也就失去了萌芽的空间。价格竞争是企业饮鸩止渴时的毒药，一旦深陷泥潭，往往就会错失真正广阔的未来市场。因此，如何引导中国快递行业走向智能化、个性化的新赛道，从"卷价格"的旧模式逐步向"卷服务""卷品质""卷安全"等新模式发展，可能是主管部门更应该密切关注的问题。

第四，数据作为一种新的生产要素，要挖掘其在快递乃至更多行业中发挥更大的潜力。其实，不同快递公司管理下的无数快递员日日夜夜忙碌在派送"最后1公里"的劳动过程中，快递系统记录下了关于其劳动过程的大量珍贵的一手数据。例如，小区居民的收件数量、收件方式偏好、收件时间等；不同小区、不同快递员的配送路线、阻碍因素、重复配送情况；等等。这些数据未来是否能够形成集成效应和平台效应？就像现在的打车软件一样，在乘客发出派送需求订单后，如果系统允许不同的快递公司中的快递员抢单，通过数据平台实现合作配送、降低重复配送，那么配送效率将得到进一步的提升。

附录：转运中心操作规范

序号	操作标准违规处罚条例	处罚标准
1	有诋毁公司形象行为的人员，一经发现处罚5 000元，造成恶劣影响处罚10 000元	5 000~10 000元/次
2	在中转过程中将快件或托寄内物据为己有的，视情节处罚，情节严重的交司法机关处理，同时转运管理部部长负连带责任	500~2 000元/次
3	发生重大事宜时，相互推诿、包庇者	500元/次
4	管理人员对公司规章制度未传达、未培训，导致操作人员未按公司规定执行，视情节轻重处罚转运管理部部长	50~200元/次
5	操作场地内所有人员（含加盟公司参加中转的人员、网络班车司机）打架斗殴、赌博的处罚责任人及转运管理部部长，情节严重的交司法机关处理	1 000元/次

附录：转运中心操作规范

续表

序号	操作标准违规处罚条例	处罚标准
6	在工作沟通中或系统对接时出现侮辱语言，态度恶劣或恶意挂断他人电话等，处罚责任人	500元/次
7	转运管理部所有人员（含加盟公司参加中转的人员、网络班车司机）在操作场地抽烟、喝酒、损坏电源、破坏快件等现象，处罚责任人，喝酒人员严禁在转运管理部滞留	200元/次
8	转运管理部所有人员（含加盟公司参加中转的人员、网络班车司机）必须衣着整齐，佩戴公司工作牌，不可穿拖鞋，不可袒胸露背等，违规者处罚责任人	50元/次
9	转运管理部人员上班时间脱岗，处罚责任人及转运管理部部长	50元/次
10	操作现场员工用电脑玩游戏、听歌、玩手机、睡觉等从事与工作无关事宜，处罚责任人	50元/次
11	转运管理部场地有闲杂人等（小孩、非公司员工），处罚转运部责任管理人员	50元/次
12	发现有在传送带与滚筒上行走等安全隐患行为，处罚责任人及转运管理部部长	50元/次
13	操作场地贴标签的人员必须将剩下的标签和多余的废纸在现场清理完，不可留有垃圾在操作场地，否则处罚责任人及转运管理部部长	200/次

续表

序号	操作标准违规处罚条例	处罚标准
14	管理不善导致转运管理部清场延迟,处罚责任部长	100元/次
15	转运管理部人员上报总部需要的数据时弄虚作假、故意隐瞒不报或不及时上报,处罚上报人及转运管理部部长	100~500元/次
16	发现转运管理部野蛮操作(扔、摔、画、抛、踩、坐等)行为,发现包装破损及有污染性泄漏的快件不及时检查上报的行为,处罚责任人及转运管理部部长	50元/人
17	因转运管理部编织袋不翻包造成快件遗留在包内的安全隐患,处罚转运管理部部长	100元/次
18	转运管理部串线、经停班车未使用隔离设备,操作违规,异常不交接、不预告、混装,漏卸等,影响下级转运管理部操作时效,处罚责任转运管理部操作主管及部长	200元/次
19	无特殊原因或未报备总部开通临时路由而未按规定路由发货的,转运管理部部长处以500元的处罚。造成严重影响的,处以2 000元的处罚	500~2 000元/次
20	出现超标件,对加盟公司处以200元/票的处罚,同时对派送公司予以150元/票的奖励,超标件费用按正常标准结算	200元/票
21	重复利用编织袋时,原包装袋大头笔字迹或原包牌号未清除,处罚责任转运管理部部长或加盟公司	200元/包

附录：转运中心操作规范

续表

序号	操作标准违规处罚条例	处罚标准
22	物品类快件与文件类快件混建包、文件未单独交接、文件上流水线等，处罚责任加盟公司或转运管理部负责人	50元/次
23	不规范建包类型上报后，需第一时间更正中转派送，不得以任何理由扣件，未及时中转派送，处罚责任转运管理部部长及加盟公司	100元/件
24	不用封包机封包或封包不规范，处罚20元/包（封包线离包口不得少于10厘米，两端线头不得少于5厘米），拆包不规范（划包造成快件破损等安全隐患）处罚责任加盟公司或转运管理部部长，50元/包	20~50元/包
25	到达同一建包区域的快件超过5票，未按照建包规则进行建包，处罚责任加盟公司或转运管理部部长	10元/票
26	包签和编织袋未按规定规范填写包件信息，处罚责任加盟公司或转运管理部部长	20元/包
27	加盟公司或转运部建包时，单包重量超过35千克，处罚责任加盟公司或转运管理部部长	10元/包
28	加盟公司或转运部批量应建包小件不建包，处罚责任加盟公司或转运管理部部长	5 000元/次
29	建包混用编织袋颜色，处罚责任加盟公司或转运管理部部长	20元/包
30	因编织袋或包签填写错误导致整包错发，处罚责任加盟公司或转运管理部部长	100元/包

续表

序号	操作标准违规处罚条例	处罚标准
31	针对整包中转错发的转运管理部，处罚转运管理部部长	200元/次
32	遵循跟班操作原则，转运管理部不得对进港跟班的加盟公司实施建包，如有违反，处罚转运管理部1元/票，并列入人力单票成本管控方案	1元/票
33	针对单件包装不合格（含裸包装）、违禁品、面单粘贴不规范、退回件未使用标贴及退回件填写错误等问题件，揽收转运管理部必须做拦截，下级转运管理部反馈上级转运管理部未拦截，核实属实的处罚揽收转运管理部100元/票	100元/票
34	因使用第三方车辆不合格，在运输过程中致使快件受损（淋湿、批量破损、丢失等），处罚转运管理部部长及中心汽运部负责人	500元/次
35	转运管理部操作员与加盟公司勾结漏称、少称等偷漏费行为，视情节严重处罚责任人1 000～5 000元/次，加盟公司及转运管理部部长连带处罚	1 000～5 000元/次
36	要求各转运管理部必须设立退回件交接窗口及文件单独交接区域，未执行者处罚责任转运管理部部长	500元/次

附录：转运中心操作规范

续表

序号	操作标准违规处罚条例	处罚标准
37	加盟网点需将原始账单附上，按标准格式进行申诉，转运管理部必须在 3 个工作日内（包括财务审核时间）审核，不论通过与否给予回复，逾期处以该责任转运管理部部长 50 元/天的处罚，处罚金额上限为 200 元。若转运管理部部长请假或者出差，可指定转运管理部其他人员核实后代签	50~200 元/次
38	转运管理部应严格对申诉账单的单号、退费金额进行核实，由转运管理部部长及财务签字后递交总部财务，若总部发现转运管理部递交账单的单号或者账目有误，将扣减责任转运管理部财务绩效考核分数，处罚责任转运管理部部长 500 元/次	500 元/次
39	《关于重申全网无缝对接线路运作、管理标准的通知》中，第一操作转运管理部（包括无缝对接转运管理部）下车扫描时必须逐票逐包称重，同时要保证收入扫描时效及称重的准确性。转运管理部面临特殊困难情况时，要改变操作要求，必须提前报备中心管理部负责人（未经批准擅自更改操作要求，给予责任转运管理部部长 500 元/次的处罚）。在核实无缝对接的调账单时，揽收网点塞包导致快件无发出记录（装件入车、装件入包）的申诉一律驳回	500 元/次
40	转运管理部必须安排问题件处理人员在快件卸车、分拣等重要岗位现场不间断巡逻，第一时间对接问题件的详细情况，经反馈加盟公司在现场找不到退回件（退回始发地、错分退回件）、破损件、违禁品等问题件处理人员，处罚转运管理部部长 100 元/次	100 元/次

续表

序号	操作标准违规处罚条例	处罚标准
41	转运管理部必须做到班车的即到即卸，无故违反者处罚转运管理部部长1 000元/次	1 000元/次
42	现场操作人员明知快件错发，仍不负责任地点击确定或取消，未将快件拿到正确的发运口操作，而是直接上车，造成错发，处罚责任人及转运管理部部长10元/票	10元/票
43	操作人员不做上车扫描，直接将快件不负责地扔上车，造成有下车无上车记录，处罚转运管理部部长2元/票	2元/票
44	严格"一车一签"制度：直跑转运管理部主干线必须无条件地规范执行"一车一签"制度，不得一签多用；多频次线路，必须按系统线路设置频次依次选择，超出发运频次的，上报指挥调运中心开通临时线路。车辆出发前，必须对每一频次做好封车、发车扫描操作，以未规范操作封车10元/次、未规范操作发车20元/次的标准对转运管理部部长进行处罚。车辆到达时，必须规范做到车解车操作，否则，以未规范操作到车20元/次、未规范操作解车10元/次的标准对转运管理部部长进行处罚	10～20元/次
45	设备管理不善造成遗失、损坏按原价赔偿，造成其他影响的，按5 000～10 000元/次处罚责任人	5 000～10 000元/次

附录：转运中心操作规范

续表

序号	操作标准违规处罚条例	处罚标准
46	发电机管理员操作不当导致设备损坏，致使转运管理部 30 分钟以上没有恢复正常操作，给予发电机管理员 300 元/次的处罚，给予转运管理部部长 500～1 000 元/次的处罚，损坏的设备由转运管理部部长和发电机管理员各承担一半的设备维修费用	500～1 000 元/次，并承担设备维修费
47	车辆在操作场地内不得按喇叭，违规时处罚责任人	100 元/次
48	在操作场地内倒车时，必须安排人员在后面指挥，以免造成货物损坏，造成货物损坏，除按照货物实际价值赔偿外，还需对违规班车司机进行处罚	200 元/次
49	转运管理部查询遗失件时，未做无头件查找或核实可确认的无着件，与加盟公司私下处理，未要求加盟公司认领，处罚转运管理部部长及问题部负责人 2 000 元/票；加盟公司或转运管理部已经在内网上报过"无着快件"信息，发件公司未及时或恶意不认领直接按遗失件上报，仲裁部从"无着快件"信息中找到，对发件公司处以 4 000 元/票的罚款；如加盟公司或转运管理部已经以问题件的形式通知发件公司进行认领，发件公司依旧按遗失件上报，仲裁部将针对此类情况对发件公司处以 10 000 元/票的罚款	2 000～10 000 元/票

续表

序号	操作标准违规处罚条例	处罚标准
50	加盟公司 5 千克以上大件或单件未标注单号、始发地、目的地的；未使用统一样式胶带，胶带内容须包含公司 logo、加盟公司名称、加盟公司代码、电话；未采用统一样式的代码贴，贴在运单的包装面上（代码贴包含：始发地加盟公司名称、代码）；未在贴运单的包装面上用大头笔书写发件加盟公司代码。以上四种情形任意一种处罚 10 元/票	10 元/票
51	加盟公司不规范包装或者寄递"三超"物品造成流水线皮带划破，致操作员工受伤，快件中转延误，除承担流水线维修费、操作员工相关费用等，还将予以重罚	20 000 元/次
52	加盟公司未跟班操作（特殊情况可报备）或车辆调度安排不足，导致转运管理部操作困难或要求操作人员私下给加盟公司操作，给予责任加盟公司及转运管理部部长 500～5 000 元/天的处罚	500～5 000 元/天
53	加盟公司派件车辆应在总部规定时间内离开，并将扫描给本公司的快件全部拉回，不允许爆仓滞留，有中班件的加盟公司留仓超过 20 方的必须拉回，无中班件的分公司留仓超过 5 方必须拉回	1 000 元/次
54	在转运管理部未清场前，加盟公司车辆未满载、未经转运管理部管理人员同意提前将车辆开走导致货物滞留，处罚 500 元/次	500 元/次

附录：转运中心操作规范

续表

序号	操作标准违规处罚条例	处罚标准
55	加盟公司应按照操作频次将自己公司的应派件清仓，如应拉回不及时拉回，转运管理部在有能力和运力的情况下应直接安排车辆将爆仓件直接送达加盟公司，无论距离远近，费用统一为5 000元/趟	5 000元/车
56	若转运管理部安排车辆下送加盟公司的滞留货物而加盟公司未及时卸货，导致转运管理部车辆调度困难，给予5 000~10 000元/次的处罚	5 000~10 000元/次
57	加盟公司跟班人员需在清场时间前及时挑出错分件，否则按照落地至加盟公司的处理办法处理。落地（清场时间后挑出的错分件）至加盟公司的市内错分件，5千米以内的必须派送，5千米以外派送困难需退回转运管理部重新分拣的，有中班频次的可退回，且须在中班频次前退回，超时退回的处罚50元/票	50元/票
58	加盟公司对接收到的错分件可按照原规定举报，核实属实的按照10元/票处罚责任方；转运管理部对退回的5千米之内派送的退回件也可按照原规定举报，核实属实的按照10/票处罚责任方	10元/票
59	加盟公司到转运管理部交接快件的车辆未在规定时间内到达，处罚基数为50元/次，每延误一分钟加罚5元。即：延误罚款=50元+延误分钟数×5元，最高罚款200元/次	50~200元/次
60	加盟公司交件车辆迟到导致转运管理部发车晚点，给予迟到车辆500元/次的处罚	500元/次

续表

序号	操作标准违规处罚条例	处罚标准
61	加盟公司无报备无特殊情况，不得无故不参与跟班操作，否则未跟班处罚5 000元/次，跟班未挑件处罚3 000元/次	3 000~5 000元/次
62	加盟公司出于自身原因未到转运管理部做到车扫描，处罚加盟公司500元/次	500元/次
63	加盟公司在无转运管理部人员监督的情况下擅自到场地取走快件或带客户到转运管理部提走快件，处罚加盟公司500元/次	500元/次
64	加盟公司到转运管理部参与中转的人员如在转运管理部故意损毁、偷盗公司财产和快件，处罚责任加盟公司，并由责任加盟公司承担全部的遗失赔偿，情节严重的交司法机关处理	10 000~20 000元/次
65	加盟公司不配合转运管理部处理违禁品，或在转运管理部被查出违禁品，加盟公司除承担相应的经济损失外，还要接受处罚	200~5 000元/票
66	以转运管理部为主导，进行现场整改。（1）以转运管理部操作负责人为主导，将错分件的相关问题列入每天的日例会及班前例会；（2）参加人：日例会参加人员为转运管理部各部门负责人；班前例会参加人员为全体操作人员；（3）整改流程：a. 日例会中要求各部门参会人员反馈出接收到的错分信息；b. 由操作负责人分析出错分的原因，制定整改方案；c. 班前例会中将分析出的错原因分解到每个组、每个人；d. 主管级以上人员跟班操作，现场跟进整改错发人，直至操作合格；经总部中心管理部抽查转运管理部无以上内容者，处罚责任转运管理部部长500元/次	500元/次

图书在版编目（CIP）数据

追系统的人：快递员的劳动过程与社会关系网络 / 庄家炽著. -- 北京：中国人民大学出版社，2025.1.
ISBN 978-7-300-33489-9

Ⅰ.F618.1

中国国家版本馆 CIP 数据核字第 2025ER0740 号

追系统的人
快递员的劳动过程与社会关系网络
庄家炽　著
Zhui Xitong de Ren

出版发行	中国人民大学出版社		
社　　址	北京中关村大街 31 号	邮政编码	100080
电　　话	010-62511242（总编室）		010-62511770（质管部）
	010-82501766（邮购部）		010-62514148（门市部）
	010-62515195（发行公司）		010-62515275（盗版举报）
网　　址	http://www.crup.com.cn		
经　　销	新华书店		
印　　刷	北京昌联印刷有限公司	版　次	2025 年 1 月第 1 版
开　　本	890 mm×1240 mm　1/32	印　次	2025 年 1 月第 1 次印刷
印　　张	7.125 插页 1		2025 年 3 月第 2 次印刷
字　　数	140 000	定　价	58.00 元

版权所有　侵权必究　　印装差错　负责调换